余秋雨定稿合集

文化苦旅
千年一叹
行者无疆

中国文脉
君子之道
修行三阶
极品美学

老子通释
周易简释
佛典译释
文典译写
山川翰墨

借我一生
门孔
暮天归思
余之诗
冰河（小说及剧本）
空岛·信客（小说）

世界戏剧学
中国戏剧史
观众心理学
艺术创造学

北大授课
境外演讲
台湾论学

附集：语录和文辑
大美可追（余秋雨的文化美学）
内在的星空（余秋雨人文创想）

周易简释

余秋雨 著

A BRIEF COMMENTARY ON *I CHING*

余秋雨简介

中国当代文学家、美学家、史学家、探险家。

一九四六年八月生,浙江人。早在"文革"灾难时期,针对以"样板戏"为旗号的文化极端主义,勇敢地潜入外文书库建立了《世界戏剧学》的宏大构架。灾难方过,及时出版,至今三十余年仍是这一领域的权威教材。

二十世纪八十年代中期,因三度全院民意测验皆位列第一,被推举为上海戏剧学院院长,并出任上海市中文专业教授评审组组长,兼艺术专业教授评审组组长。曾任复旦大学美学博士答辩委员会主席、南京大学戏剧博士答辩委员会主席。获"国家级突出贡献专家"、"上海十大高教精英"、"中国最值得尊敬的文化人物"等荣誉称号。

在担任高校领导职务六年之后,连续二十三次的辞职终于成功,开始孤身一人寻访中华文明被埋没的重要遗址。所写作品,往往一发表就哄传社会各界,既激发了对"集体文化身份"的确认,又开创了"文化大散文"的一代文体。李光耀先生说:"二十世纪后期,海外华人重新对中华文化产生感动,主要是由于余秋雨先生的书。"

二十世纪末,冒着生命危险贴地穿越数万公里考察了巴比伦文明、克里特文明、希伯来文明、阿拉伯文明、印度文明、波斯文明等一系列重要的文化遗址。他是迄今全球唯一完成此举的人文学者,一路上对当代世界文明做出了全新思考和紧迫提醒,在海内外引起广泛关注,被国际媒体选为"跨世纪十大国际人物"之一。

他所写的大量书籍,长期位居全球华文书排行榜前列。在台湾,他囊括了白金作家奖、桂冠文学家奖、读书人最佳书奖等多个文学大奖。在大陆,获鲁迅文学奖、全国优秀教材一等奖、上海文学艺术大奖。前些年,上海市民海选"改革开放三十年影响最大的一本文学书",结果是《文化苦旅》。多年来有不少报刊频频向全国不同年龄的读者调查"谁是你最喜爱的当代写作人",他每一次都名列前茅。二〇一八年他在网上开播中国文化史博士课程,尽管内容浩大深厚,收听人次却超过了九千万。

几十年来,他自外于一切社会团体和各种会议,不理会传媒间的种种谣言讹诈,集中全部精力,以独立知识分子的身份完成了"空间意义上的中国"、"时间意义上的中国"、"人格意义上的中国"、"哲思意义上的中国"、"审美意义上的中国"等重大专题的研究,相关著作多达五十余部,其中包括《老子通释》、《周易简释》等艰深的基础工程。联合国教科文组织、北京大学等机构一再为他颁奖,表彰他"把深入研究、亲临考察、有效传播三方面合于一体",是"文采、学问、哲思、演讲皆臻高位的当代巨匠"。

自二十一世纪初开始,赴美国国会图书馆、联合国总部、哈佛大学、耶鲁大学、哥伦比亚大学等处演讲中国文化,反响巨大。二〇〇八年,上海市教育委员会颁授成立"余秋雨大师工作室";二〇一二年,中国艺术研究院设立"秋雨书院"。

二〇一八年五月,"远见·天下文化事业群"赴上海颁授奖匾,铭文为"余秋雨——华文世界最具影响力的一支笔"。

现任上海图书馆理事长。(陈羽)

作者近影。二〇一九年十一月二十一日,马兰摄。

目 录

前论 ……………… 001

一度选释 ……………… 015

乾卦
坤卦
屯卦
蒙卦
需卦
履卦
泰卦
同人卦
大有卦
谦卦
随卦
蛊卦
贲卦

二度选释 ·············· 069

否卦

临卦

大畜卦

大过卦

恒卦

睽卦

蹇卦

解卦

损卦

益卦

夬卦

兑卦

三度选释 ·············· 111

系辞选释说明

系辞上传之第一章

系辞上传之第二章

系辞上传之第四章

系辞上传之第五章

系辞上传之第六章

系辞上传之第七章

系辞上传之第八章

系辞上传之第九章

系辞上传之第十章

系辞上传之第十一章

系辞上传之第十二章

系辞下传之第五章

周易原文 ……………… 157

本书所选原文 ………… 207

系辞原文 ……………… 219

名家论余秋雨 ………… 236

余秋雨文化大事记 …… 238

周易录行书（反向附册）

周易初录

周易二录

周易三录

周易续录

前论

一

我历来不应酬、不开会、不上网，连手机也从来没有用过，只与妻子一起关门过着最平静、最古典的日子，已经几十年了。偶尔，也会开窗，看看远处的道路，猜想世间种种忙碌。

己亥年冬到庚子年春，全民居家防疫，窗外的道路天天阒静无人。这让我在古典的日子中，遥想到了更古典的年月。

其实，人类的时空经常会发生倒错和穿越，即使想从当代过回到先秦时期的一些日子，也不太难。至少，这是心灵的权利。

古典中的更古典，应该把心灵安顿在哪里？我在学理上已频频出入先秦的丛林，就连非常艰深的老子、孔子、庄子、屈原都进行了译释，那么，还有哪一座先秦的山岗有待于再度攀援呢？

答案是《周易》。它一直被人们称为"群经之首"，是一座名分极高的神秘山岗。

攀援这一座山岗，要非常安静，而且，是长时间不受骚扰的安静。全民居家防疫，提供了这种机会。

我的这次攀援，态度极为虔诚。因此，首先以毛笔为杖。

书法的点、横、撇、捺，是一种最有体温的引领。以我的经验，由书法来贴近典籍，常常比注释、翻译、论述都更加亲切，更关及生命。

我用书法写《周易》，名之为《周易录》。一连选写了好几款，收于本书的后半部分。

这部《周易录》的书法，用的是行草，这是有原因的。

《周易》在内容上，不像后代很多典籍那样细密谨实，因此我也就不用楷书了，让"易"返"易"，回到一种简疏自由的状态。但是，《周易》又是一种规范，不适合个人发挥，因此在书法上就不能采用狂草。顾及这两端，我选择了行草，在笔画上近草，在格局上近行。但在实际书写时对笔下书体的选择，完全看我对具体字句的感觉了。因此这里的笔墨，直捷地体现了即时的学术判断。这与我在其他场合纯粹地展示书法之美，很不一样。

对于《周易录》的行草，我自己比较满意，可认定为平生书法的代表作之一。

二

以毛笔为杖，一步步探路，同时还要为身后的大量读者做一些清理，铺一些台阶，那就是阐释。《周易》全文，有较多重叠、回旋，因此我的书法和阐释，并没有包罗全部，而是用现代观念进行了选择。为什么要这样选择？那就需要从头说说自己对《周易》的整体看法。因此，有了这篇"前论"。

首先要明白一个简单的事实：《周易》起自于占卜。

上古时代的祖先在艰难生存中相信，世事的凶吉祸福，是由上天安排的，因此要用一些特殊方法向上天探问。他们的惯用方法，是先提出一个问题，然后在龟甲和兽骨上钻孔，再用火烧，从烧出的裂纹中来判断答案。有时，也会在一把蓍草中抽捏转换，来寻找答案。这一些做法，就叫占卜。

初一看，这种方法很原始，甚至很盲目。但是，占卜的资料积累越多，渐渐看出了某种规律。很像现代的概率论和大数据，在没有逻辑的一大堆行为因果的组合中，出现了大逻辑，发现了一些出乎意料的神奇秘密。原因还没有找到，理由还没有呈现，事实却神秘地重复了。重复概率愈高，愈引起人们重视，相比之下，"原因"和"理由"反而不重要了。如果硬要找"原因"和"理由",那也应该面对大数据慢慢捉摸,构建起一整套特殊的学理模式。

古人远比我们更贴近自然界。他们从日月星辰、四季轮回中强烈感受到规律的存在,又以天、地、雷、风、水、火、山、泽认知自然的不同品性。于是,他们从占卜资料中构建起了一套模式,能够广而大之,联通天道、人道、地道。这正如《系辞》所说:"易之为书也,广大悉备。有天道焉,有人道焉,有地道焉。"说到底,就是试图通过一套模式来寻找"道"。

这一来,比较原始的占卜资料也就获得了提升,进入了高等级的排列、组合、旋转、定位,这就是我所说的"特殊的学理模式"。

整个路子的起点,是把世界分成一个庞大的阴阳对立体,即以阴阳为道。正如庄子所说,"《易》以道阴阳"。

以阴阳对立来看世界,这是一个伟大的思维成果。简洁,明了,却又概括了世界上最难概括的两大素质,两大风范,两大格局,而且时间已经证明,无法用另外一对概念来全然替代阴阳的区分。因此这个思维成果即便在几千年后的今天,也受到国际科学界、哲学界的高度赞扬。

分了阴阳，聪明的古人还把它变成一个多块面的动态结构，分出了八卦，又从八卦衍生出了六十四卦。于是，一套模式形成了。

这个动态模式用符号来表达，于是我们看到了表示阴阳的符号单元"爻"，即"阳爻（—）"和"阴爻（- -）"。八卦中的"卦"也是由此延伸的符号，复杂一点，由"爻"的叠加组成。

叠加组成的八卦，对应着各种凶吉祸福，因此借取自然图像来象征，那就是以天、地、雷、风、水、火、山、泽，来象征乾、坤、震、巽、坎、离、艮、兑这八卦。每一卦又有一种基本意指，那就是：以乾卦的天，意指着"健"；以坤卦的地，意指着"顺"；以震卦的雷，意指着"动"；以巽卦的风，意指着"入"；以坎卦的水，意指着"陷"；以离卦的火，意指着"丽"；以艮卦的山，意指着"止"；以兑卦的泽，意指着"说"。

以此为基础，又伸发出了六十四卦。那在古人看来，几乎就把大千世界的各种状态都包罗进去了。

那些卦和爻，都有说明凶吉的文字跟随，那也就是"卦辞"和"爻辞"。后来，又有了解释的文字，即"传文"。把这些卦辞、爻辞、传文合在一起，这就让大量占卜资料上升为精神文本，占卜之书也就有了理义之书的成分。

这一来,《周易》也就成了《周易》。

三

我把《周易》形成的过程说得很简单,但请注意,我们面对的,是在人类文明的奠基时代,黄河流域一代又一代的精神价值创造者们相继努力的成果。而且,与其他文明相比,是极为独特、无可重复的成果。

不错,起点只是占卜,然而我们没有理由看轻那种在龟甲、兽骨、蓍草边的专注操作。种种既鸿蒙又抽象的图像在翻滚、隐约,大量既确实又漂移的数字在定位、错位。自然的盛衰与人类的命运,与这些象、数发生着诡异的对应,宇宙的秘密或许已经有部分被古代哲人秘藏其间。

在中国现代,曾经有一些投身"新文化运动"的优秀学人因为《周易》有占卜的起点而予以轻视。他们的这种轻视,出于他们约略知道的国际学术观念,却让高层级的国际学术界大吃一惊。

我多年前曾在《君子之道》一书的"前论"中讲到一件往事。中国现代最有代表性的著名学者胡适,对国学和西学都有研究,有一次专程去访问了当时名震国际的瑞士心理学家荣格（Carl Gustav Jung，1875—1961），其实当时的荣格已经不仅仅是心理学家，而且成了刚刚兴起的文化人类学的翘楚。他比胡适大十六岁，无论在年龄辈分还是学术辈分上，都要高出好几级台阶。胡适拜访荣格，很想听他讲讲文化人类学，当然也想知道他对中国新文化运动的看法。但是，出乎意料，荣格主要讲《周易》。

荣格问胡适，中国现代学者如何评价《周易》。胡适说，自己并不太相信《周易》，因为那是一种魔术和符咒。

荣格听后非常惊讶，着急地追问胡适，是否尝试运用过《周易》，《周易》的答案难道不真实，《周易》对胡适自己有没有帮助。

这一连串的问题，使胡适很难受，一场谈话变得尴尬。

其实心里更难受的是荣格，他发现中国现代学者在走向西方科学的时候，对自己的传统文化产生了怀疑。

显然胡适对《周易》知之不多，他不知道，今天坐在他眼前的这位欧洲学者，倒是对《周易》深有研究。他曾为卫礼贤（Richard Wilhelm，1873—1930）的《周易》译本写引言，写了长长的十七页，实在称得上一个《周易》专家。

荣格写道，《周易》展现的只是"统计方式"，而西方现代强调的是"因果规则"。初一看，"因果规则"很有逻辑，而"统计方式"只是一种不讲因果逻辑的数字排列。但是，荣格认为，恰恰是在西方倡导的因果逻辑中，加入了太多的主观意图，真实被"异化"了。因此，不如那种平实的"统计方式"，更符合真实。

荣格的这一论述，对于当代运用大数据进行概率统计的年轻人来说，反倒更容易理解。一比，真正落后的倒是胡适这一批"新文化人"。

例如，现在大家都看到了，西方国家对新兴国家的怀疑和敌视，几乎全都出自他们的意识形态"逻辑"，而不是统计数据。只要尊重统计数据，就会得出相反的、更合乎真实的结论。

荣格还说，与《周易》关系密切的道家，提出过"物极必反"的基本法则，这就远远超越了西方人的思想。他说，西方人常常被"自我中心"的魔鬼引导，沿着所谓"高贵"的路去争取种种硕果，岂不知，这条路的尽头，便是"物极必反"的基本法则，谁也逃不了。如果能够知道逃不了，西方人就会结束互相冲突的"痛苦内战"。

这实在让我眼睛一亮了。一位西方的文化人类学家，居然那么早就从《周易》和道家学说，对比出了西方文明在"逻辑自欺"、"自我中心"、"单向思维"、"互相冲突"等方向上的致命弊病，真是让人钦佩。荣格的一系列论述，也促使我们从更高的方位上来认知中国文化的起始性辉煌。

可惜的是，这样的思想家，目前在西方已经很难找到了。而被荣格指出的那些西方弊病，却日益彰显，并越演越烈。

四

胡适对于《周易》的误解和漠视，让荣格感到着急，但对胡适这样的二十世纪中国文化改革者而言，却是可以理解的。他们切身感受到中国这么一个庞大的文明实体早已浑身精疲力竭，处处受人欺侮，原因很多，其中一条，显然是因为肩上压了太沉重、太庞杂、太腐朽的文化重担。作为文化人，他们希望轻身减荷、革故鼎新，因此对于传统文化，整体上采取一种冷冷的批判态度。相比之下，胡适还算是比较平静温和的。但是，我不能不指出，他们对文化改革的思考，在根子上流于肤浅和武断了。

首先，他们拿来作为坐标来比较的那些发达国家，都缺少像中国文化这样的悠久而宏大的历史通道，因此只具有局部而不是整体的可比性。中国文化的新路，在总体上、主干上，要由自己思考。

其次，他们对中国文化的很多方面都有足够的了解，却未曾对中国文化的元典、神穴、魂魄有过仔细而恭敬的辨析。他们未曾思考，这种文化要在当代世界获得新的生命，有哪几个基座不可毁弃，有哪几种精神可以弘扬。因此他们失去了底气和背景，奋斗过一阵之后就不知落脚何处。例如，我们正在说的《周易》，就是中国文化再怎么改革也不应该鄙弃的元典之一。

第三，他们强烈地感受到了中国文化在现代国际环境中的衰败状态，却没有认真研究过中国文化在几千年国际环境中唯一延续至今的一系列重大原因。这些原因，主要出于自身。在几千年的岁月中，有多少智慧的头脑在梳理、灌溉、绾结着中国文化的主脉，这是现代改革者们很容易忽视却万不可以忽视的事实。五四新文化运动颇有成绩却未能像欧洲文艺复兴那样找到"我是谁"的答案，是一个沉重的教训。

我很敬重以胡适为代表的一代文化改革者，但在研究了他们留下的沉重教训之后，我就不主张在文化上"摧枯拉朽"，而更多着眼于发现和建设。因此，我大半辈子都在从事"两度寻访"，一是寻访中国文化真正的基座；二是寻访中国文化长寿的原因。从几十年前毅然辞职投身"文化苦旅"，直到前些年在联合国总部和美国各大名校演讲中国文化的寿命，都属于"两度寻访"的范畴。

说来也巧，我的"两度寻访"，都与《周易》有关。我在寻访中国文化真正的基座时不能不推崇《周易》这一经典，这在前面已经讲了；而在寻访中国文化长寿原因时发现，《周易》正是长寿的"元素"之一。中国文化的整体长寿由很多长寿的元素组成，《周易》自汉代以来就有众多学者耗尽心血守护着它，结果，以两千年的力量聚积，造成了两千年的生命延续。

这种守护，并不是"严防死守"，而是表现出一种"百家争鸣"的讨论状态、争议状态。中国文化与巴比伦文化、埃及文化的一个重大差别，就是学派林立、高论迭出，并以此来维系长寿。这中间的一个杰出范例，就是《周易》研究中"象数学派"和"义理学派"的历代争鸣。结果，对立的争论总像是一左一右地相扶相持，既维系了《周易》的长寿，也维系了中国文化的长寿。

五

既然作为典范例证，提到了"象数学派"和"义理学派"的长久对峙，我就想多说几句。因为这在《周易》的历史上比较重要，也是这篇"前论"中需要略做交代的。

简单说来，汉代《周易》的"象数学派"，喜欢将六十四卦与季节、气候、方位对应起来，借助于占卜的原动力，来推论天下的阴阳灾变、人事凶吉。到了宋、明两代，"象数学派"就把起点性的六十四卦的运用，提升为"象"和"数"的交错。"象"，有了"太极图"、"先天图"、"后天图"、"河图"、"洛书"；"数"，也有了邵雍等人以奇偶之数推衍的历史图式。到清代，连我家乡的大学者黄宗羲都写了《易学象数论》，对一系列难题进行清理、总结和重新开启。

与"象数学派"对立的"义理学派"也气势强健。先是那位我在几本著作中都用哀痛笔调悼念过的只活了二十三岁的天才哲学家王弼，他的《周易注》要求人们从烦琐的象数符号中解脱出来，以《周易》来理解万物变化的整体条理。他的这种主张，直到唐代还颇受欢迎。后来，这一学派中又出现了程颢、朱熹这样的大学者，不赞成在卜筮上花太多工夫，而主张由阴、阳两气来解释宇宙本体。

这两种学派，前者立足《周易》本原，后者远及宇宙原始，看似对立却构成互补。正如王夫之所说，两者不可偏废，归于《周易》一理。

请看，仅仅《周易》一书，就在两大学派的对立、互包中延续得热热闹闹、风风光光。中国文化的长寿奥秘，可见一斑。

六

我用行草来抄录《周易》，当然无法呈现符号和象数部分，主要是对"卦辞"、"爻辞"和"传文"做了精选。

搁置了卦爻的一个个特定数位而只取哲理文辞，乍一看很像是倒向了"义理学派"，其实，这种选择是书法的需要，而不是对"象数学派"的冷落。我认为，比之于世界各国的古典哲学，《周易》的卦爻、象、数最有特色，最不可替代，反倒是义理部分有可能与其他古典哲学靠近。因此，要论中国哲学在未来学上的前程，还是以前者为胜。

正因为这样，我在本书后半部分译释《系辞上传》

第九章时，对"象数学派"所关注的由占卜求卦中"数"的运用，做了简略介绍，以求给读者留下一个大致的印象。

既然说到了《系辞上传》，那我还要说明，本书在《系辞》的译释上花费了很大的工夫，因为我非常看重这些"传文"在《周易》中的地位。

一度选释

乾卦 ☰

乾卦是《周易》第一卦。不仅是顺序上的第一,而且也是分量上的第一。这一卦,内容高迈而丰赡,不仅拓展了《周易》的堂皇格局,而且也提领了中国文化的主干精神。因此,我要分十二个小节,来一层层阐释。

一

乾卦,象征着天,意指着"健"。

《周易》把"天"作为首项命题推出,意味着整体格局的宏大、开阔、刚健。正是"天",包容了春、夏、秋、冬,运行不息,变化无穷,构建起世间的勃勃生气。《周易》以此开局,格局高畅,也可体现中国文化的初醒之气。

乾卦的中心含义,是"元、亨、利、贞"四字,被称为"四德"。对这四字的解释,历来歧义纷呈。有的解释成"春夏秋冬"、"木火金水",有的解释成"生养成终"、"仁义礼智",朱熹则说"物生为元,长为亨,成而未全为利,成熟为贞"。我认为,这些解释都有点"意会性偏离"。

我经过反复比对和长期思考，决定把"元、亨、利、贞"四字概括成四种高贵的特性：

元——开创性；

亨——通畅性；

利——有益性；

贞——可续性。

有此四性，也就有了我所理解的"天"，我所理解的"健"。世间万物，很难辨识优劣，但《周易》一开头就告诉我们，只要具有了开创性、通畅性、有益性、可续性，那就是生机所在，希望所在，前途所在。

需要注意的是，这四性，在很多情况下往往不能并存共济。有创新，却不能普及；普及了，却未必有益；即便这三项都有了，却又不能坚守延续。也就是说，有"元"，未必"亨"；有了"元"、"亨"，却未必"利"、"贞"。要四项皆备，才符合《周易》的标准。

为此，我总是提醒一切试图深入《周易》堂奥的朋友，不妨先在门厅里多停留一些时间，把"元、亨、利、贞"这四个字记住。

二

乾卦在这四个字后，出现了以卦爻数位"初九"引出的正文："**潜龙勿用**"。

"龙"，在乾卦中显目地出现，是刚健之体、天地之气、君子之德的象征。

唐代李鼎祚在《周易集解》中引用沈驎士的话说："**称龙者，假象也。天地之气有升降，君子之道有行藏，龙之为物，能飞能潜，故借龙比君子之德也。初九既尚潜伏，故言勿用。**"

龙本是神话中的神奇动物，拿它来象征，主要不是象征其至高至尊，而是象征它灵活多变的运动状态。沈驎士说得好，龙之为龙，是能飞能潜，能升能降，能行能藏。因此，"潜"，并非它的无奈状态，而是它的基本生态。"勿用"，是指勿显摆、勿逞才、勿施展、勿闹腾。何时施展，要看时机。乾卦中这一则的爻位是"初九"，意味着时机未到，应保持住隐潜状态。这既是警示，更是揭示了龙的一大特性。

《周易》的这一揭示，来自于对传说时代的炎、黄、尧、舜、禹，以及入史之后夏、商、周各位"王者"的正反概括，并不是凭空悬想。

如果用文学语言来说，龙为何强大？因为它在云雾之中隐现出没，见首不见尾。刚发现它的踪影，又突然消失，却不知道它去了哪里。反过来，如果是一条明晰、挺直的龙，那就失去了纵横空间的力量和魅力。因此，历代不少统治者对于"龙命"、"龙颜"、"龙体"、"龙威"的自我认定和显摆，违背了《周易》的经典论定。

三

接下来的一句，是"**九二，见龙在田，利见大人**"。指的是龙遇到了时机，可以改变潜藏状态，出现在田野间了。这一来，又有利于世间"大人"的出现。

这里所说的"大人",其实也就是"君子"。他们应该是什么样的呢?这是问题的关键。因为,他们出现的时机是变动的,而他们的品格特点则是稳定的,所以更重要。

《周易》立即说明"大人"和"君子"的两个特点。那就是:

君子终日乾乾,夕惕若,厉无咎;
或跃在渊,无咎。

我译述一下:

君子整天刚健自强,到了晚上却能谨慎自惕,那样,即使遇到危难也能避过灾祸;
他们既可以腾跃在上,又可以下沉在渊,因此能避过灾祸。

这几句话说明,"大人"、"君子"之所以能避开灾祸,是因为固守三点:

一、刚健自强;
二、谨慎自惕;
三、能上能下。

这三层意思很重要,也给一切试图做"君子"的人提出了一种要求和鼓励。其中,"终日乾乾,夕惕若"这七个字,尤其成了历代智者的座右铭。"无咎"是好结果,但要达到这个好结果,必须遵从这七个字。

四

接下来，卦爻数位到了"九五"，更大的时机到了，龙就可以从田野飞到天上去了。

这时候，当然更有利于世间"大人"的出现。但是，在这个时候，不管是"龙"还是"大人"都应该当心，如果飞上去之后下不来了，就一定"物极必反"，产生悔恨。这就是"上九"爻位上出现的四个最重要的字：*亢龙有悔*。

请注意这个"亢"字，大体是指因亢奋而抵达极度。在一般情况下，也表现为过于激烈的不成熟、不协调状况。"有悔"，指终将有所悔恨。

对这四个字，朱熹有过很好的解释。他在《周易本义》中说："*亢者，过于上而不能下之意也。阳极于上，动必有悔。*"他在《朱子语类》中又说："*当极盛之时，便须虑其亢，如这般处，最是易之大义，大抵于盛满时致戒。*"

从朱熹的解释可知，《周易》固然能帮助很多普通人，却更能提醒那些高飞、盛满、"过于上而不能下"的重位人物。

在现代世界，我们常常能看到不少政治人物的激进主义、极端主义、单边主义，都属于这个"亢"字的当代恶化状态。中国文化因为早早地有《周易》，有中庸之道，比较能警觉。

五

紧跟着"亢龙有悔",我们见到了另一个成语:"**群龙无首**"。

在一般理解上,"群龙无首"是负面的,而在乾卦中却给出了一个"吉"字,这是为什么?

因为"群龙无首"的爻位是"用九",有大变的情势。尚秉和的《周易尚氏学》对此有一番解释:"**见群龙无首吉者,申遇九则变之义也。九何以必变?阳之数九为极多,故曰群。阳极反阴,乃天地自然之理。乾为首,以阳刚居物首,易招物忌。变坤则无首,无首则能以柔济刚,故吉。**"

这也就是说,在一定的时机,天地之间阳刚之气旺盛,英才辈出,时势流荡,风起云涌,因此尽量不要强居其首。强居其首,物极必反,易召其他英才嫉拒。如果无人称王,无心夺冠,反而能"以柔济刚",得到吉利。

这个原则,既指个人,也指整体。在"时势造群"的热闹中,个人因不居首位而安顺,整体也因不推极首而平和。这是一种双向吉利。

试想,既然是"群龙",都各自有"首",硬要合"群"为一,既不自然,也不合理。不仅如此,"群龙"在变化转折中各有身段,本是一个流动变幻的过程。如果由一"首"来牵引,既要面对自己与"群龙"的复杂关系,又要处理现状和变化的种种麻烦,反倒是凶多吉少。

在普遍的词语习惯上,总是把"群龙无首"看成是不讲秩序、没有首领、无法统一的混乱状态。但是，我们如果放开眼界，看看世界上诸多文明各自龙翻天宇的壮阔景象，再看看有些霸权势力试图由独家来统领世界的傲慢，就像今天的美国政客那样，就不能不佩服《周易》的预警。原来，"群龙无首"之所以称"吉"，包含着早期的多元思维。

六

我们继续讲乾卦。

接下来的彖辞比较长："**大哉乾元！万物资始，乃统天。云行雨施，品物流形。大明终始，六位时成。时乘六龙以御天，乾道变化，各正性命，保合太和，乃利贞。首出庶物，万国咸宁。**"

这段彖辞，伸发了"元、亨、利、贞"的阳刚之气在一年年循环运行中的盛况，读来让人振奋。如果直捷地译述一下，大致是这样的意思：

真是伟大啊，开创一切的阳刚之气！万物由它而生，它就统领天地，于是云行雨施，品物流形。太阳往返运行，呈现六种时位，就像六条巨龙驾驭自然。天道变化，万物静守本性，保全太和元气，利于稳定安贞。终于重出生机，万方皆得安宁。

其实在这段彖辞中，还隐喻着一年四季春夏秋冬的流转程序。在刚健之气的笼罩下,一次次开始,一次次变化,达到"保合太和"、"万国咸宁"的美好境界。

七

如果说这一切讲的是天道,那么,这样的天道也必然会落实到人格。于是,紧接着的一则象辞是大家都熟悉的句子了:"**天行健,君子以自强不息。**"

意思很明白:**天道如此刚健,君子因此要自强不息。**

这句话的重要性,似乎是"自强不息"这四个字,其实更重要的是点明了"自强不息"的依据,那就是天道。因此,这又成了体现中国文化"天人合一"的最早的文本之一。

我一直很重视这句话对于千百年来中国君子所产生的积极影响。君子也会消极、低迷、沮丧,但是,只要抬头看看天宇,看看日月的运行、四季的轮转,就会振作起来,因为天道以自己的刚健在映照、在呼唤。

因此,我们必须反复思考"天行健"这三个字与"君子以自强不息"这七个字之间的因果关系。

天,是人类最伟大的教师。

八

《周易》的文辞中,经常会出现一些互相解释的段落。这种解释,有的是加深，有的是展开，有的是强调。这在乾卦中也有不少，我在其中选了五段在互相解释中别有深意的文辞，做一些介绍。

你看，这段文辞对于纲领性的"元、亨、利、贞"四字进行了"另类发挥"，值得我们注意。

元者，善之长也；亨者，嘉之会也；利者，义之和也；贞者，事之干也。君子体仁，足以长人；嘉会，足以合礼；利物，足以和义；贞固，足以干事。君子行此四德者，故曰：乾，元、亨、利、贞。

这段话里包含好几个精彩的意思。我大致译释一下：

初创，是众善之长；
亨通，是众美之会；
有利，是百般和宜；
坚贞，是百事主干。
君子以仁为体，就可以成为众人尊长，可以把美好的会合作为礼仪，可以施利万物而和谐，可以坚贞稳定地把事情办好。这一来，君子就有了"元、亨、利、贞"四德。

九

另一段文辞是解释"潜龙勿用"的，文为："潜龙勿用，何谓也？子曰：龙德而隐者也。不易乎世，不成乎名，遁世无闷，不见是而无闷。乐则行之，忧则违之，确乎其不可拔，潜龙也。"

这是借孔子的名义，来论定具有龙一样品德的隐居者。那就是：

不因世俗改变，不想成就名声，不因离世而烦闷，不因人言而苦闷。称心的事就去做，忧心的事就拒绝。如此坚定不拔，就是"潜龙"。

这就把"潜龙"说具体了。

似乎还没有说够，于是又对"潜"做了补充："君子以成德为行，日可见之行也。潜之为言也，隐而未见，行而未成，是以君子弗用也。"

意思是：

君子本来以德为行，每日可见。所谓"潜"，是指一时隐而不见，行而未成，因此君子暂时不做施展。

十

乾卦对于前面提到却来不及多说的"大人"，又做了进一步的描述，并由此展现《周易》的人格理想。其文为：

夫大人者，与天地合其德，与日月合其明，与四时合其序，与鬼神合其吉凶。先天而天弗违，后天而奉天时。天且弗违，而况于人乎？况于鬼神乎？

这段话，说得神采飞扬，令人动容。所谓"大人"，就是杰出的君子。前面几句不难解释，可以认为"大人"是超乎人间、融入天地的自然生命："与天地合其德，与日月合其明，与四时合其序，与鬼神合其吉凶。"也就是说，**他们的德行与天地的德行相合，他们的心灵与日月一般光明，他们的生息合于四季轮转，即便是对吉凶的感悟，也像鬼神一般。**

这是有原因的，所以后面几句就说："**他们这样的人，思维行为如果先于天意，也不会违背天意；如果后于天意，那也会遵循天时。既然连天也不与他们违逆，那又何况人呢，何况鬼神呢？**"

只要合乎天道，自然也会合乎人道，合乎鬼神之道。这样的人物，才真正称得上"大人"。

十一

乾卦的最后一段文言，是对那个"亢"字的又一次阐释。这是因为，乾卦的"乾"以刚健的阳气为主调，最容易陷入"阳亢"的泥淖。

这段话是这样说的："**亢之为言也，知进而不知退，知存而不知亡，知得而不知丧。其唯圣人乎！知进退存亡，而不失其正者，其唯**

圣人乎！"

在前面说到"亢龙有悔"的时候，我曾解释"亢"字的含义大体是指因亢奋而抵达极度。那么，怎么会抵达极度呢？这里就进一步说明了"亢"的三个特征，那就是"知进而不知退，知存而不知亡，知得而不知丧"。意思很明白，人们在生活中处处可以看到。那也就是说，大家处处都有"亢"的可能，"亢"是一种社会通病。

正因为这样，不亢，也就成了圣人。在此，用语简约的《周易》重复了一个感叹句："只有圣人才能做到吧"、"只有圣人才能做到吧"。这个圣人的门槛说起来很简单："知进退存亡而不失其正。"

"知进退存亡"，很可能成为一种"生存策略"，变为在社会夹缝中东张西望的投机者，因此《周易》立即说明，要"不失其正"。这里所说的"正"，是指执守正位，不要偏了，斜了，邪了。

有了这个关照，乾卦的任务也就完成了。

十二

综观乾卦，真可谓气势恢宏。

一上来就以天的刚健运行、龙的灵动腾跃来开启一个盛大的人文局面，其实这也是在为中国文化的生命力进行庄严的定调。作为后人，我们看到中华文明终于成了全人类各大古文明中幸存至今的唯一并依然生生不息，就不能不感念古老的《周易》所开启的局面，所定下的基调。乾卦告诉我们，这种强大的文化生命力，来自于天。君子应该像龙一样，依照不同的天时决定行为生态，成为真正的"大人"和"君人"。

乾卦中的很多格言，已成为全中国千百年来在精神上的集体训示。可见，它的作用实在无可比拟。

坤卦 ☷

一

要讲坤卦了。

人们常说的乾坤,其实也就是指"天地"。如果说,前面讲的"乾"与天同义,那么,现在要讲的"坤"则与地同义。

若以"阴阳"来分,乾为阳,坤为阴。乾为雄,坤为雌。乾表现为阳刚,坤表现为阴柔。

乾坤两者,既对立,又统一,坤是乾的承接者,即所谓"地以承天"。

我们记得,乾卦的目标是"统天",那么,坤卦的目标是"承天"。

坤卦的卦辞,以雌马作比喻来说明在"元、亨、利、贞"四德中雌马对"贞"的固守,给人印象深刻。与乾相比,坤常处下、处后,却能得到"贞"的要旨,那就是:抢先而行,常会迷失;后而不先,反能主宰。

开了这个头,象辞就洋洋洒洒地来称赞坤道了。其文为:

至哉坤元，万物资生，乃顺承天。坤厚载物，德合无疆。含弘光大，品物咸亨。牝马地类，行地无疆，柔顺利贞。君子攸行，先迷失道，后顺得常。西南得朋，乃与类行。东北丧朋，乃终有庆。安贞之吉，应地无疆。

共七十六字，真是一段对坤元、对大地、对阴柔的最高颂扬。我的译述是：

至善至美的坤元，万物依赖着她生长，她又秉承着天的意向。她宽厚地承载着世间之物，以德相合无可限量。她含育一切，恢宏光大，种种品物都广受滋养。雌马与地相依，既行地无疆，又温柔顺畅。君子行路，总是抢先而迷失正道，后来随顺才回到正常。往西南将得到朋友一起同行，往东北将失去朋友，但最后还是吉祥。总之，安顺守正的吉祥，就会应顺大地而无边无疆。

我在译述这段彖辞时，一气呵成，随吟得韵，可知自己对坤元的崇尚，入心已深。

从这一长段彖辞，我们可以发现端庄的《周易》也有充沛的抒情成分。相比之下，对乾卦，《周易》是仰望；对坤卦，《周易》是依恋。此间差异，恰似面对伟岸的父亲和慈爱的母亲。

二

在这一长段之后，跳过几段互释性的爻辞和象辞，便出现了一段对坤道的归结性的论述：

坤至柔而动也刚，至静而德方。后得主而有常，含万物而化光。坤道其顺乎，承天而时行。

意思是：坤道柔顺，动的时候也会显出刚强，静的时候就让德性感染四方。随人之后而心里有主，是她的常道。她包含万物，化育万物而获得荣光。大地之道如此柔顺，只因为遵循天道，运行得当。

这个论述，把坤道的柔，又分成"动的时候"和"静的时候"两种状态，这就显得齐全了。其中，后而得主，含而化光，顺而承天，都带有深刻的辩证哲理。请注意，在中国语文中，"后"、"常"、"含"、"化"、"顺"、"承"这些字，都带有被动、收敛的意味，但转眼又在平静之中取得了主动和畅达，这便是坤柔之道。正是这种坤柔之道，使乾阳回家，使刚健归元，使世间平静，使人心和顺。

三

坤道的柔顺，有一种缓缓的顺向积累的态势，与阳亢式的突发激进正好相反。

顺向积累也就是见微知著，悄然小步而出现大的结果，这也是阴柔之道的潜在规则。由此，坤卦紧接着说出了在中国很普及的两句话："积善之家，必有余庆。积不善之家，必有余殃。"

这两句话提醒人们，"善"与"不善"会造成完全不同的后果，因此有"劝善"作用。这当然不错，但从上下文来看，这两句话的关键点，是那个"积"字，也就是延伸了顺向积累的坤道思维。顺向积累，使世界有序，使前途可测，这便是"顺"的魅力。请看下文：

易曰："履霜，坚冰至。"盖言顺也。

这段话运用了一个天气的比喻：只要踩到了初霜，就可以判定必然会出现坚冰。天下的大多数事情，就是这么顺延的。上文所说的由一点点的善而积累成福庆，由一点点的不善而积累成祸殃，一样是自然顺延、小步大果。

由"顺"到"积"，既构建了人世间道德伦理的因果长链，又奠定了不同人群共同努力的目标指向。因此，正是由"顺"到"积"，抵御了历史的破坏性、断裂性、抢夺性、灭绝性。

四

再到坤卦的下一则：

> 直其正也，方其义也。君子敬以直内，义以方外。敬义立而德不孤。直、方、大，不习无不利，则不疑其所行也。

这一则解释起来有点复杂。由于坤卦一直在讲阴柔的特别作用，因此会让人产生疑惑：如果以阴柔为道，还有正直、端方的地位吗？正直与端方，在文辞中就精简为"直"、"方"二字。于是上面这一则也就有了着落，译述出来的大意是：

> 直，指正直；方，指端方。君子以敬使内心正直，以义使周围端方。有了敬和义，德性就不会孤单。只要正直和端方，器格就大，即使不学习也无往不利，各种行为都无可怀疑。

由此可知，即便在坤道中，直、方、敬、义的地位也不低。这个意思，用现代的概念来说，坤道的阴柔，并不是不要人格和道义。恰恰相反，可能更具备人格和道义。这一点，我们从世间很多母亲和妻子身上都可以看到。当然，从总体上说，坤道的处世基调，还是把这一切溶化成阴柔之美。

五

阴柔之美的重要成分是隐逸之美，因此我还要郑重阐释两段。一段讲"隐"，一段讲"美"。

讲"隐"的一段，是这样说的：

天地变化，草木蕃。天地闭，贤人隐。易曰："括囊，无咎无誉。"盖言谨也。

译述出来是：天地运转，草木繁盛；天地闭塞，贤人隐匿。《周易》说："扎紧囊口，无害，也无誉。"这就是在说谨慎。

这段话中有两个意思很有价值。

第一，"隐"，看似是贤人自己的选择，其实是天地的选择。当天地闭塞了，贤人的声音和道路也闭塞了。这就是说，世间之"隐"，与大环境有关。在很多历史环境中，贤人即使没有想做隐士，也都成了隐士。

第二，"隐"的结果是双"无"："无咎无誉"。要想无咎，就得无誉。懂得退隐之道的贤人，不能一边退隐，一边还要声誉。只有在社会声誉上也完全退隐，才能安全无虞。为此，《周易》用"括囊"这两个字来比喻贤人之隐，那就是扎紧囊口。扎紧了，也就"无咎无誉"，真的"隐"起来了。我们常常见到一些人，看似已经退隐到"囊口"里边，却还是抵不住囊外的诱惑，时不时地从囊口探头探脑，希望听到一点赞誉，这就不是真正的"隐"，因此也不会安全，失去了纯粹的隐逸之美。

六

由阴柔而涉及美，是天经地义、无法躲避的事。坤卦讲"美"的一段是这样说的：

> 君子黄中通理，正位居体，美在其中。而畅于四支，发于事业，美之至也。

译述出来的意思是：君子就像黄色中和，通情达理，身居正位，美在其中。畅达于四肢，发达于事业，这实在是美的极致。

这段话提出，美的基础标准是三个字：中、理、正；而美的极致标准是两个短语：畅达于四肢，发达于事业。

这就是说，美的基础标准，是追求一种中正、理性的平静；而美的极致标准，则会加入生命感和事业感，激扬起来了。

于是我们发现，美的基础标准，比较倾向于坤道，而美的极致标准则已逼近乾道，或者说，已是乾坤相合。

这事如果说得有趣一点，那就变成了一种千家万户的愉悦：要张罗美，先要由妻子拿主意；要提升美，还得由丈夫加添生命力。

当然，比喻只是比喻，坤卦的含义远远超越家庭一门之内。在《周易》看来，万象万物的极致，都是乾坤相合，更何况这里是在说美，而且是"美之至也"，一定不会是单相。天下大美、至美，都必定是乾坤相济、天地相应、阴阳互补、刚柔互融。

屯卦 ䷂

拜识过乾、坤两卦,也就拜识了《周易》的两大基元,接下来,我们就要面对其他卦目了。与乾、坤两卦相比,其他卦目大多比较简短。

经过反复比较,我郑重选择了那些具有普遍覆盖性又互不重叠的卦目来阐释。为了方便多数读者,把每卦前面卦爻数位和相关说明省略了。

我选的卦目包括屯卦、蒙卦、需卦、履卦、泰卦、同人卦、大有卦、谦卦、随卦、蛊卦、贲卦等,林林总总,也实在不少了。

一

先说屯卦。

屯卦的"屯",是初生之象,因初生,又包含着艰难之意。请读这一段:

屯,刚柔始交而难生,动乎险中,大亨贞。雷雨之动满盈,天造草昧,宜建侯而不宁。

用今天的语言译述一下,大体是:

屯,初生,刚柔开始交替而艰难频生,行动在危险中,抵达大亨通、大守正。这就像雷雨满盈之际,天创万物于蒙昧。此时应建立诸侯管理,而不可贪图安宁。

初生状态,大有希望,总是受到人们的赞颂。但是,《周易》在这里却告诫:正因为初生,阴阳、刚柔之间刚刚开始交替、交割、交手,所以必然会处处繁难,时时危险。这样,也就把一个"难"字、一个"险"字,都押给了初生之"屯"。

懂得艰难和危险的存在,并相应地行动,只要走得正,就会越过它们而获得亨通。因此,"屯"的目标是"大亨贞",让人高兴。

象辞中,雷雨的比喻很好,既描述了草创时期的气势,又说明了草创的背景是蒙昧,因此必然危难重重。对此,各种处于初创时期的人群都应有思想准备,尤其是高官乃至君主更须重视。面对创造过程中层出不穷的麻烦,应该忙碌地选拔诸侯,而不可安居无事。

为了延续雷雨的比喻,屯卦紧接着又补充了简短的一则:"*云雷,屯。君子以经纶。*"

意思是,初创时期又有云,又有雷,君子要好好地考虑一下如何治理天下。"经纶",指的是治理。朱熹的《周易本义》在讲述这一则时说:"*屯难之世,君子有为之时也。*"这里所说的"屯难",就是指初生的艰难和危险。天下只要有初生,就必然有"屯难",但这正是君子大有作为的时机。

二

屯卦的语气总体比较沉稳，因为一直考虑到"难"的存在，尽量避开高扬，保持谦卑的态度。

请看这一则："虽盘桓，志行正也，以贵下贱，大得民也。"

这是在劝导那些身处艰难而犹豫徘徊的人。"盘桓"，指徘徊不前。全句的意思是：

即使徘徊不前，只要心志、行为端正，能以尊贵的身份甘居下位，也可大得民心。

这里指出了处于"屯难"中的一种可行方式，那就是，即使在徘徊不前之时，也不妨做到八个字："志行正也"、"以贵下贱"。由此，一定能被民众接受。只要被民众接受了，种种艰难都能过去。因此，这八个字，是对付艰难、结束徘徊的良方。

三

屯卦的另一则爻辞，说了在徘徊不前之时，应该懂得放弃一些东西。

原文为："即鹿无虞，惟入于林中。君子几，不如舍，往吝。"

翻译起来就会长一点：**追逐野鹿时如果没有山林管理者虞人帮助，一定会迷入林中。君子见机而行，不然不如舍弃，否则就会悔恨。**

"吝"，可解释为悔恨、遗憾。此后的象辞中，在"往吝"之后又补了"穷也"两字，说明不肯舍弃而悔恨，是因为陷入了困穷之境。

这又为处于"初生艰难"（即"屯难"）中的人们提出了一个警告，那就是极容易在林子里迷路。如果在遇到"屯难"后又迷路，那就难上加难了。要想避免迷路，应该遵循两条原则：

一、懂得时机；

二、懂得放弃。

如果既懂得时机，又懂得放弃，那就像结识了林子里的老猎人，不会迷路了。

其实，这两项"懂得"，应该赠送给天下所有的徘徊者。那就让大家重温这六个字："君子几，不如舍。"

蒙 卦 ䷃

蒙，意为启蒙。我要选释的两则，都与启蒙有关。

第一则："*山下出泉，蒙。君子以果行育德。*"

这需要解释一下。浩荡之水，来自于山泉。以此来比喻对儿童的启蒙，就像让山泉出水，是浩荡江河的起点。因此，应该从起点开始，君子果敢地以行动来培育道德。

第二则："*利用刑人，以正法也。*"

现代读者一看到"刑人"、"正法"，以为在说刑法，其实不是。这里的"刑"，同"型"，因此"刑人"是指"模型"、"典型"。"正法"则是指"以法为正"、"以法示人"。这里所说的"法"，倒也不是指"法律"，而是指"法则"。

做了这番词语解释，也就可以明白了，这则爻辞指出了启蒙的最佳方式，那就是"以典型让孩童领会法则"。

"以典型让孩童领会法则"，这个意思一看就知道很重要。那就让我们记住这八个很像在说刑法的字："利用刑人，以正法也。"

需卦 ䷄

一

"需"的意思,是启蒙之后的期待。这种期待总是明亮畅达、目光远大。

请看卦辞:"需,有孚,光亨,贞吉。利涉大川。"

期待什么?诚信、光明、亨通、守正、吉利。这当然有利于跨涉大江大川。《周易集解》引何晏的解释:"大川者,大难也。"那么,"利涉大川",是比喻有利于越过大艰大难。

这里有一个现在不太常用的字"孚",意为"诚信"。

对于这个简短的卦辞,立即由一则象辞来发挥。其文为:

需,须也。险在前也,刚健而不陷,其义不困穷矣。需,有孚,光亨,贞吉,位乎天位,以正中也。利涉大川,往有功也。

一上来就让"须"来解释"需",两个字发音相同,在这里意义也相同,那就是可以用"须待"一词来理解需卦。"须待"在中国古代经常用,相当于现代所说的期待、等待。

把期待放在前面，后面的意思也顺畅了。我对上面这段象辞的译述是：

只要有期待，即使险阻在前，也能刚健而不陷落，适宜而不困穷。其实，所有的期待、诚信、光明、亨通、守正、吉利，都是天位，也是正中之位。这有利于跨涉大江大川，继续往前而立功。

这段象辞充满了对期待的前途的乐观，并把这个前途看成是一个系统工程，"有孚、光亨、贞吉"全都到位。全都到位，每一项也就组合成天道之位，而"天道之位"的最大特征就是"正中"。于是，前路通畅了，种种功业也能建立了。

二

在乐观中，《周易》又时时提醒不要违避各种麻烦，因为危险离得不远，就像脚下踩着沙滩、泥淖。这样，期待也就更不容易，成为沙滩中的期待、泥淖中的期待（即爻辞中所称"需于沙"、"需于泥"）。甚至，也可能是血泊中的期待（"需于血"）。

不管脚下是什么，周边是什么，都不要放弃期待。例如，其中麻烦最小的一则为"需于沙"：

需于沙，衍在中也。虽小有言，以终吉也。

这里的"衍",意为"宽衍"、"宽绰",指的是一种宽裕的心态。全句的含义是:**即便是站在沙滩上期待,也要让心居中放宽,虽然会有一些小言小语的中伤,最终还会获得吉祥。**

顺着沙滩说下去,爻辞的口气就更坚定了:即便是站在泥淖中期待,也应该明白,灾祸还在身外,招祸只在自身,因此要"敬慎",才能不败。

进一步说,即便是站在血泊上,只要有期待,就能从陷阱中解脱出来。但因为是血泊,所以要好好地听命于时势("需于血,顺以听也")。

需卦对于期待还有一些日常指点。例如,期待一些美味的酒食,不错,但要守持正中,保持节制;即使一些在期待之外的客人来了,也应该早有准备,那就是"敬",以"敬"期待着各种不速之客("不速之客来,敬之终吉")。

人,总在大大小小的期待中。

履卦 ䷉

履，有小心行走之义。朱熹《周易本义》说："*履，有所蹑而进之义也。*"《尔雅·释言》注："*履，礼也。*"因此，朱熹所说的"蹑而进"，也是指循礼而行。

履卦最引人注目的是这八个字："*履道坦坦，幽人贞吉。*"

这里的"幽人"是指安静的人，连在一起的意思是：**小心地行走在坦道上，安静的人自能守正而获得吉祥。**其中的关键是，即使平坦，也要小心。

除了小心行走，安静和贞吉也很重要，几个方面组合成一种极有魅力的人格形象。因此，这也是读过《周易》的人都会记住的四个字："幽人贞吉"。

小心行走，小心到什么程度呢？爻辞做了一个让人印象深刻的比喻：相当于跟在老虎尾巴后面行走。

请看这一则爻辞："*履虎尾，愬愬，终吉。*"

这里出现了一个不太常见的字——"愬"，意为恐惧之态。因此，这则爻辞的意思是：小心行路，就像跟随在虎尾之后，一直保持着恐惧的心态，那么，最终反倒能吉利。

历来很多研究者指出,《周易》陈述危难,莫过于"履虎尾"的比喻。元代胡炳文《周易本义通释》说:"'其辞危',危莫危于'履虎尾'之辞矣,九卦处忧患,以'履'卦为首。"

于是,我们也不妨以"履虎尾"的心态来概括整个履卦。但是,这一卦对于小心行走还是做了一个结束性的鼓励:唯有一路小心,才会"元吉在上,大有庆也"。

泰卦 ䷊

一

对于泰卦，不妨先看最具概括性的起首象辞：

泰，小往大来，吉，亨。则是天地交而万物通也，上下交而其志同也。内阳而外阴，内健而外顺，内君子而外小人。君子道长，小人道消也。

"泰"的含义，是通泰，指的是内外平衡。这种内外平衡，是以一系列"反向对峙"的方式出现的。这种"反向对峙"，结果都不错，因而可称为"泰"。

按照寻常的低层思维，所谓通泰、平稳，一定是没有对立、对峙、对抗，一定是一种力量统领全局。但是，《周易》展现了一种更高的思维境界，认为只有多种力量、多种风范的相反相成，才能达到真正的平衡和通泰。对立并不可怕，可怕的是单向失重。

泰卦对这种"反向对峙"的设计是这样的——

阳刚者主内，阴柔者主外；

强健者主内，顺从者主外；

君子主内，小人主外。

对于最后一条，我在《君子之道》一书中说过，当时所说的"君子"、"小人"，开始主要是指地位，而不完全是指人品，但中间又渗进一些人品的成分。

这种设计，很像人们常说的"外圆内方"结构。那就是，内涵有足够分量，而对外却颇为柔顺。

只要出现了这样的结构设计，那就可以让一切都通畅了，也就是"天地交而万物通"、"上下交而其志同"。

因此，这种通泰，既是多种力量的组合，又让这些力量安顿成一种秩序，并不是无结构的混乱联通。有内外，有轻重，有主次，这才能从结构上保持阳健的主导地位。

即便以"内君子"、"外小人"的关系来说，也很有趣：对外交往尽可以上下随顺，有点"小人做派"，但因为对内守护着君子之道，结果还是"君子道长，小人道消"。

这也就是说，对于并不恶劣的低端人士，也可以适当发挥他们的作用，但在整体品位上，却不能让低端压过高端，而应该相反。

这样，通泰，就以一种大幅度的互济状态和流动状态，完成了精神等级的定位。

二

另一则爻辞，又进一步描述了泰卦的理想状态：

包荒，用冯河，不遐遗，朋亡，得尚于中行。

这十几个字，现在读者可能有理解上的障碍，那就要从词语上认真解释一下了。

"包荒"，意为"囊包荒野"；"冯河"，意为"涉水过河"；"不遐遗"，意为"不遗贤者"；"朋亡"，意为"没有朋党"；"尚于中行"，意为"佑助行为持中者"。

连在一起，可以构成这样一个意思：能包容大地，能跋涉大河，不遗弃贤良，不结党营私，这样，就可以佑助行为持中的大人了。

这则爻辞认为，要达到"泰"，就应该包容一切，哪儿都不要遗落。

三

一讲到"泰"，人们也许会想起"泰"与"否"之间的旋转关系，想起"泰极否来"、"否极泰来"等成语。因此爻辞又说："无平不陂，无往不复。艰贞，无咎。勿恤其孚，于食有福。"

这则爻辞的意思是：平坦无不倾斜，去者无不返回。能在艰难中持正，就可无殃。不怕别人不信，自享食俸之福。

也就是说，在通泰的循环中，一切不平、丢失都是暂时的。因此，处境是平是险，出去是否回来，诚信是否服人，都不能看得太重。重要的是旋转，是流动，是互济，并由此达到通泰，那么，结果终究"于食有福"。

同人卦 ䷌

同人卦的综述为：

> 同人，柔得位得中而应乎乾，曰：同人。同人曰：同人于野，亨，利涉大川，乾行也。文明以健，中正而应，君子正也。唯君子为能通天下之志。

"同人"，意思是"和同于人"，也就是与别人互相认同。那么，不同的人有可能互相认同吗？

此卦说：即便是生性阴柔的人，也能通过合适位置获得中道，然后与阳刚的人相应，结果，阴柔和阳刚就认同了。如果能够在原野上与原先不认识的认同，那么，人事就会通畅，有利于跋涉大川大河，这就符合刚健的乾道了。文明而又刚健，再应和着中正，那就是君子的正道。因此，唯有君子才具有"能通天下之志"。

由此可知，"同人"的最高目标是"通天下"。与人和同，基本理由是每个人都可以与天下和同。而且日积月累，人人效仿，这个目标有可能达到。这显然是宏伟的志愿。

在同人卦中，又列出了企图与人认同的各种麻烦和曲折，特别是必须面对"同"与"争"的矛盾，可见这实在是一件艰难的事。

这又回归到本卦的中心阐述了。不管多么艰难，应该明白，结交众人、融通天下，是一种堂皇的君子之道，因此须时时记住："文明以健，中正而应，君子正也。唯君子为能通天下之志。"

大有卦 ☲

同人卦之后是大有卦：

大有，柔得尊位，大中，而上下应之，曰：大有。其德刚健而文明，应乎天而时行，是以元亨。

"大有"，意为"大获所有"、"大富有"。这显然是人们的向往和追求。

此卦对"大有"的阐释，如果用现代语言来说就是：

阴柔者获得尊位，既高大又中和，上下呼应，就是大有。其德性是刚健而又文明，应乎天时而行，因此极为亨通。

这里，把"大有"成果的获得，更多地寄托在阴柔者身上，让他们得尊、得大、得中，然后又得上下响应。如果起点不是阴柔者而是阳刚者，本来就自认为尊，自认为大，难以守中，结果就很难"上下应之"。因此阳刚者如果要达到"大有"，最好也能从学习阴柔开始，一步步争取尊，争取大，又始终守中，才会有一个好结局。

值得注意的是，此卦描述了一个"大有"者的形象。那就是：柔顺、高大、中和、刚健、文明、上下皆通。这里边，最具归结性的印象是：大有之人，是人格正派的柔顺者。

当然，"大有"的目标太难得，仅仅靠着一种人格气质的积累也未必能达到，还必须"应乎天时"。真正的"大有"，是天给的。

用现代的说法，真正的"大有"，还要赖仗一系列远远超越个人能力的宏观时空条件。而且，因为是天给的，在人间看来还带有一定的偶然性、无逻辑性。如果要在无逻辑中寻找大逻辑，那就是"应乎天而时行"。

谦卦 ䷎

一

大有卦后面是谦卦。此卦的中心彖辞是：

谦，亨。天道下济而光明，地道卑而上行。天道亏盈而益谦，地道变盈而流谦，鬼神害盈而福谦，人道恶盈而好谦。谦尊而光，卑而不可逾，君子之终也。

这一段意思有点绕，解释起来要花点工夫。

"谦"的含义是谦虚，这倒是明白的。首先两句是从"天道"和"地道"来论述谦虚的必要。天道不可高高在上，它只有向下济物的时候才显得光明。地道本来就处于卑下，因此必有气息源源上升。由此可见，天道因济天下而光明，地道因处下而上升，济下和处下，都是"谦"。

接下来的四句，都围绕着这个"谦"：

"天道亏盈而益谦"——天道是公平的，因此总是要亏损天下盈富的一方，去补益谦卑的一方；

"地道变盈而流谦"——大地是平的，因此地道也总是要变易天下盈富的一方，去流注谦卑的一方；

"鬼神害盈而福谦"——鬼神之道也看不惯那些似乎有鬼神之力的发达者，因此也总是会本能地去戕害盈富的一方，有利谦卑的一方；

"人道恶盈而好谦"——人道按照民众的平常心，总是厌恶盈富的一方，爱好谦卑的一方。

这四方面，都是自然偏向，处处有益于"谦"。结果，谦卑的人反而享有尊荣，即使地位再低，别人也不可逾越。这便是"君子之终"——君子的终极。

二

君子至此，不仅享有尊荣，而且也会拥有实力。因此爻辞又加了一则："**谦谦君子，用涉大川，吉。**"

在《周易》里，经常出现"用涉大川"、"利涉大川"这几个字，我在讲述需卦时曾引用《周易集解》中何晏的解释，说明那是在比喻跨越艰难，办成大事。这里说的是，真正有谦虚之心和谦虚之行的君子，一定能办成大事，而且还很吉利。

故意把"谦"字重叠一下，说明"谦"的程度。结果，"谦谦君子"成了中国话语中常见的一个词组，而且是一种令人愉悦的正面评价。

三

那么，怎样才能成为"谦谦君子"呢？下一段象辞提出了一个要求："**谦谦君子，卑以自牧也。**"

这里的重点是"卑以自牧"四字，大体是指"以谦卑的态度来审察自己、制约自己、修正自己"。

别看这个"牧"字简单，里边确实包含着审察、制约、修正的意思。因此所谓"自牧"，也就是自己对自己动手来做这些事，自己对自己监牧。

从世事崇谦，到卑以自牧，这就从天下大道落实到了个人自身修养。《周易》总是让天道来为人道提供理由，而且，是唯一理由。

即便是人的风范，例如谦卑，也是天的律令，天的安排。

随卦 ䷐

一

"随"的含义，是随从。程颐在讲解这一卦名时说，"随"可能有三种意义，一是被随，二是随人，三是随事。随事也包括着随时。

象辞说："随，刚来而下柔，动而说。随，大亨，贞无咎，而天下随时。随时之义大矣哉。"

我的译述是：随从，如果阳刚来的时候能柔顺随从，这样行动起来就会让大家快乐。随从，会大发达，只要持正就不会有危险。因为，天下总是随从时势。天下随从时势，意义重大。

尽心随从，会让大家感到快乐，天下也会养成随从时势的习惯。这里就出现了"随"的两种效能：即时效能和终极效能。即时效能是"动而说（悦）"，终极效能是"天下随时"。两种效能都很积极。

这就是说，人生在世，免不了要随从。此卦认为，随从大势，随从天时，也就是随从愉悦。

二

显然，对"随"的理解，不能仅仅停留在一般意义上的"随从"职能上，还应有一系列更广泛的宏观思考。

请看这则象辞：

泽中有雷，随；君子以向晦入宴息。

表达得很有诗意：大泽中响起了雷声，大家都随之而服从天象；天色晚了，君子都随之而入室休息。

这就进一步说明了，君子们首先要随从的是天。

除了随从天时，还要改变自身的固执，随从外界。

官有渝，贞吉。出门交有功。

这则爻辞里的"官"并不是指官员，而是指观念。唐代孔颖达《周易正义》解释为"人心执掌"，因此程颐解释为"主守"，也就是内心执守。"渝"，是指改变。这一来，这则爻辞就可以这样翻译了：一个人的观念改变，是一件好事，出门交往也容易成功。

原因是，门外就是一个不断变动的世界，如果一意孤行，一出门就会碰到钉子。

于是,"随"在这则爻辞中的意义,是要让自己的心态随从外界的改变。《周易》不主张脱世、闭世、傲世。

三

随从外界,却不"混世",而要做品格选择。请看这则爻辞:

系丈夫,失小子,随有求得,利居贞。

意思是:随从大丈夫,因此失去了小脚色,那么这种随从就会有求必得,利于安居守正。

爻辞中的"小子",一般可理解为"小人物",但又不仅仅指他们地位低下,因为《周易》对卑下并不看轻。这个"小",小在人格上,然而与后世所鄙弃的"小人"又有程度上的区别,所以我把他们说成"小脚色",或曰"小角色"。

随卦对于随从的对象很在意。为什么一心主张随从大丈夫,而宁肯失去小脚色呢?因为前面已有判断:"**系小子,失丈夫。**"也就是说,随从了小脚色,就会失去大丈夫。

那么,能不能两方都去随呢?这就出现了另一个重要判断:"**系小子,弗兼与也。**"只要随从了小脚色,就没法"兼与"了。

因此,"**系丈夫,志舍下也**"。也就是说,你只要下决心随从大丈夫,那么,也就立志要舍弃卑下等级了。

在"随从"的问题上，《周易》否定了对高尚和卑下的"得而兼之"、"左右逢源"。要"系"，必有"失"，如果处处追随、人人追随，最后追随到的，一定是低等级的对象。

四

随卦中还提到了"被随从"、"被追随"的状况。

那就是："随有获，贞凶。有孚在道，以明，何咎。"

意思是：被随从了，当然多有所获，因而也有了凶险，那就只能以守正的态度来面对了。只要心存诚信，合乎正道，那就明示天下，哪来祸害！

紧随的象辞还对此做了补充："随有获，其义凶也。有孚在道，明功也。"这就说明，被随从了，又多有所获，这在本义上是凶险的。但只要坚持诚信和正道，那就会保持正面功效。

这一对爻辞和象辞中的"以明"、"明功"，都带出了一个重要的字"明"。那就是说，被很多人追随，实在是一种说不清楚的乱象，太容易让人产生误会了，唯一有效的办法就是明着来，敞敞亮亮地展现自己的诚信和正道，那么，乱象也就不乱了。

因此，"明"，是"随"和"被随"的关键。

用现在的话说，只要光明磊落，无论是随从人，还是被随从，都可以远离祸害。

祸之所起，往往在于不明不白。

蛊卦 ䷑

一

随卦之后，是蛊卦。

这个"蛊"字，在中文里常常与"惑"连在一起，称为"蛊惑"，是一件弊乱之事。但是，当它成为一个卦名的时候，就有了如何来对付"蛊"、治理"蛊"的含义了。

唐代孔颖达《周易正义》有载："蛊者，惑也，物既惑乱，终致损坏，当须有事也，有为治理也。"

因此本卦的主旨是治弊救乱，拨乱反正。

二

请看这一则彖辞：

蛊，刚上而柔下，巽而止蛊。蛊，元亨而天下治也。利涉大川，往有事也。先甲三日，后甲三日，终则有始，天行也。

这里出现了八卦中的一个卦名"巽",意近柔顺。那么这一则译述出来的意思就是:

要治蛊吗?阳刚在上,柔顺在下,柔顺就能止蛊。治蛊,令人畅达,必定会带来天下大治。大治之后就能做大事,再往前走还有大事。要经常在前三天就开始谋虑,后三天就着手治理,治理结束之后还会有新的开始,这就是天道的自然运行。

三

治蛊,虽然总的结果是"元亨而天下治",但在具体治理上,却有很多麻烦和困难,因为种种蛊都是随时间积累而成的,与前辈、父辈有关。

《东坡易传》中记了苏轼的一句话:"蛊之灾非一日之故也,必世而后见,故爻皆以父子言之。"

苏轼说"父子",是因为看到了这样的爻辞:"干父之蛊,有子考,无咎,厉终吉。"

这里的"干"字,有"匡正"之义;"考"字,有"成就"之义。那么一整句的意思是:

匡正父辈的蛊乱,就有儿子的成就,并无害处,即使有危难也终获吉祥。

匡正父辈的蛊乱，是历史上所有后辈的责任。其实，只有匡正，才是真正的继承。"干父之蛊，意承考也"，这里所说的"承考"，就是继承父辈成就。对此，父辈与旁人都应该明智地理解，不要把匡正看成是背叛。

当然，这里确实也包含着一些情感上的尴尬，有时又会让父辈觉得下手太重，致使儿孙们稍稍有悔。因此爻辞又说："干父之蛊，小有悔，无大咎。"

难免"有悔"，但在这里要分大小。悔是小的，却"无大咎"。因此，结果总是受到称誉，即"干父之蛊，用誉"。

四

"干父之蛊"受到的非议，并不仅仅来自父辈。父辈加后辈是一个整体，与既定的体制有关。因此，很多试图匡正父辈种种蛊害的后辈，经常受到体制性的排斥。

不少社会阶层，已经与蛊同生，嗜蛊成瘾，这又以那些执掌权力的王侯为最。那么，决心"干父之蛊"的年轻人面对的就不仅仅是父辈，还有王侯政要、衮衮诸公。这就引出了蛊卦的终极爻辞："不事王侯，高尚其事。"

对于这八个字，用不着解释了。但似乎觉得还不够，又加了八个字："不事王侯，志可则也。""则"，也就是"效法"。

五

蛊卦包含着多层意义，在我看来都很重要，因此不妨重温一下：

一、治理天下弊乱，是维护"元亨利贞"的大事。除旧布新，合乎天道；

二、较难治理的弊乱，总是长期积累的结果，一定与父辈有关。纠正父辈，虽有尴尬，但不应该受到责备；

三、与父辈有关，大多与既成体制有关，与权势王侯有关。为了高尚的治理目的，可以不理会王侯。

贲卦 ䷕

有关《周易》的文章已经写得不短了，很想找一个比较有重量的内容做一个小结，暂告一个段落。

那就是贲卦的一则彖辞。其文为：

贲，亨，柔来而文刚，故亨。分刚上而文柔，故小利有攸往。刚柔交错，天文也；文明以止，人文也。观乎天文，以察时变；观乎人文，以化成天下。

这则彖辞，用很少的字句来阐述很大的道理，行文未免有点跳跃。那我们就试着拉开距离，站远一点来看看其中的整体思路。

必须认真面对第一个字"贲"。

唐代陆德明《周易音义》录入了前人对这个字的两种解释：一是"文饰"；二是"文章"。这里所说的"文饰"并不完全是外加的修辞，更是一种内在素质的外向呈现。这里所说的"文章"也不是指独立成篇的文字，而是与"文饰"有近似的含义，也可以说是"文彩"。其实，"文"这个字本身的原始意义，也可以说是"文彩"，一种美好的外部呈现。

如果要把"贲"、"文饰"、"文章"、"文彩"、"文"这些用语在《周易》时代的含义用现代美学概念来表述，可能接近"表现形态"、"外化方式"、"审美图像"。

但是也可以作为动词来用，例如象辞中所说的"柔来而文刚"，"刚上而文柔"，这个"文"就有了动词功能，意为"表现"，即由柔来表现刚，由刚来表现柔。

做了这番词语解释，我们对上面这段象辞的整体意思也就可以疏浚了。

总的说来，它是在申述"贲"的作用和地位，说明在天上人间，表现形态都非常重要。任何内质，只有通过美好的表现形态才能畅达流通，吸引人前往。

那么，这段象辞的思路就可以这样来译述：

由柔来表现刚，或者由刚来表现柔，这种阴阳互补的形态一定亨通，因为这是"天的文彩"。如果说，"天的文彩"归之于阴阳互补，那么，"人的文彩"则归之于文明礼仪。观察"天的文彩"，就能知晓时变；观察"人的文彩"，就能化成天下。

"化成天下"，意为化育并成就天下。或者说，通过教化，使天下成为天下。

一看就知道，这一思路浓缩了中国古代智者对天文、人文的深刻感悟，其哲理等级即使放到世界坐标中，也巍然独立。

因此，只要是中国文化人，至少应该记住："观乎天文，以察时变；观乎人文，以化成天下。"

"化成天下"，这是中国人文的最高目标。

二度选释

否卦 ䷋

书写和阐释了那么多《周易》，本想换一个题目调节思维，但刚搁笔又想《周易》了，觉得还有一些重要内容不应遗漏。记忆中浮现出不少曾经长期影响过中国的句子，为了方便，还是按照原文顺序来说。

先说否卦中的这一句："**天地不交，否。君子以俭德辟难，不可荣以禄。**"

"否"，在这里读作 pǐ，意为闭塞、阻隔、困厄，与前文泰卦中的"泰"正好相反。天地阻塞必然不通人道，所以否卦的首句卦辞是"**否之匪人**"，"匪"的意思就是闭困。到了这则象辞则进一步说明，造成"否"的原因是"天地不交"。天力无法下注，地气无法上升，处处都是障碍，事事难于沟通。

在这种情况下，君子该怎么办呢？《周易》的回答是：**以节俭之德避过危难，不可以禄位为荣。**

《周易》并不泛泛地反对禄位荣华，但是如果在"天地不交"之时谋取，则一定灾祸临头。

因此，此象辞的重点在于对形势的判断，是不是看到了"天地不交"的迹象。

"天地不交"未必是爆发性的大灾，而只是"不交"而已，而很多上下左右之间的"不交"似乎也属正常。但此卦提醒，只要发现种种关系间有堵塞、困厄的状况，有"不顺"的趋势，那就不要"荣以禄"。在整体不顺的环境中获得高官厚禄、荣华富贵，本卦认为"不可"。

在日常生活中，此卦告诉人们，不必经常防范大灾大难，而应该敏锐地感觉到在平静的表象下种种"不交"、"不顺"、"不畅"、"不合"的痕迹。这是困厄的兆头、裂解的信号，能避则避，能隐则隐，不要因我们的盲目加入而使局面更加危殆。

临卦 ䷒

临卦的象辞为:"泽上有地,临。君子以教思无穷,容保民无疆。"

先需要解释一下卦名"临"。这个"临",近似一般语文中的"君临",也就是一种居高临下的监察和巡视。《说文》释"临"为"监也",《尔雅·释诂》释"临"为"视也",大体就是这个意思。

在一定的时节数位上,正气渐增,君子也就取得了这种监察和巡视的可能。只要有这个可能,君子就应该明白自己的高度,努力做一些符合这种高度的好事,例如教化、保民。

这则象辞也是从一个比喻开始的,"泽上有地"意思是,水泽之上有高地。正是高地,负有监察和抚慰水泽的责任。这,就是"临"的使命。

君子就是高地,因此必须施教百姓,容民、保民。而且,这种责任,要承担到"无穷"、"无疆"的地步。规模很大,但要抓紧做,因为时机一过,就很难做了。

这句话的重点,一是居高临下的"临",二是"教思无穷",三是"容保民无疆"。

三点相加，合成一个意态，那就是：君子的高度。

这则象辞与上一则否卦的象辞放在一起，让人们知道在不良的情势下和良好的情势下，君子该怎么做。前者是大退隐，后者是大承担。

大畜卦 ䷙

大畜卦中有四个显目的字:"天在山中"。象辞的原文是:"**天在山中,大畜。君子以多识前言往行,以畜其德。**"

历来很多严谨的研究者见到"天在山中"这几个字都有点纳闷:天怎么会在山里边呢?似乎大小颠倒了。其实没有颠倒,只需稍稍加入文学思维,便能领悟。

先解释卦名"大畜",意为大积储、大聚集。此卦在推出"天在山中"前,已经用一系列美好的词汇解释了"大畜":"**刚健笃实,辉光日新其德。刚上而尚贤,能止健,大正也。**"

有了这番铺垫,就出现了"天在山中"这个很大气的比喻。

天是最大的,山是最高的,但群山环绕也能藏得下一片天,这就是积储所造成的自合空间。同样,君子也能把前辈圣贤们的言行集中起来,聚合成美德的空间。

与前辈圣贤比,他们是天,我们只是山。但是应该相信我们这些虔诚之山如果能积储成莽莽苍苍的一圈岭脉,那也就能装得下圣贤们的大德之天。天是无限的,因此是可以分割、分享的。如果"分天"的岭脉经由"大畜"而够高、够大,那么,分得的天也能辽阔邈远。

只要有"大畜"之心,那么,处处都能出现"天在山中"的奇迹。

"大畜"当然不仅仅指量。此卦提出的要求很高,可以再引述一下:"刚健笃实,辉光日新其德。刚上而尚贤……"概括起来就是"大正"。若能做到,天就跟着来了。

大过卦 ䷛

说了大畜卦之后，想起了另一则以"大"引领的卦名：大过卦。

"大过"的含义就远没有"大畜"那么美好了，而是指过头、过甚、大而无当、过刚易折等弊端。这类弊端，世所常遇，因此大过卦的分量也非同小可。

这卦所提供的象辞是："*泽灭木，大过。君子以独立不惧，遯世无闷。*"

首先要面对"泽灭木"这个比拟。宋代程颐说："*泽，润养于木者也，乃至灭没于木，则过甚矣，故为大过。*"（见《周易程氏传》）

这就解释得很好。水，本来应该是来滋润树木的，但是如果变成了淹没，那就过甚了。这种过甚的结果，是树木的死亡。

这个道理，处处可见。不妨举今天社会上普遍存在的例子：古典诗文，本来是可以滋润青年学子心田的，但如果提倡漫灌式的死记硬背，那也就变成了"泽灭木"，水的魅力和木的魅力都不存在了。品德教育也是如此，本来稍有启悟，往往终身受用，但如果天天浇灌，就会造成"泽灭木"的恶果。

"泽灭木"的比喻说明，"大过"的起点往往并不邪恶，而只是过分。但是，结果却触目惊心，形同摧残。由于起点并不邪恶，因此很难引起警惕，参与者就会很多。这一来，事情就变得很大，成为大过。

面对"泽灭木"这样的"大过"，人们该怎么办呢？此卦提出一些折中的办法，以防一端过甚。但是，有些办法听起来有点笨，例如，在挺直的栋梁两端加弧度，又如让"独阳"、"独阴"的年长男女娶招年轻伴侣，等等，看来是《周易》作者随意写出的，都不大合适，也很难实行。因此，最关键的是，期待那种"大过时期的清醒君子"出现。这种君子，又被称为"大过人"。用现代语言来说就是，在偏执时代能够矫治偏执的那种人。

"大过人"不是"犯了大过的人"，而是"对付大过的人"。就像我们日常所说的"弄潮儿"、"巡夜人"，是对付"潮"和"夜"的，需要一些超越常人的素质。

在这里，我很喜欢《周易程氏传》中所载程颐的说法："*君子观大过之象，以立其大过人之行。君子所以大过人者，以其能独立不惧，遯世无闷也……举世不见知而不悔，遯世无闷也。*"

"大过"之时，出"大过人"。他们，是真正的君子。对于这种君子，此卦以八个字来概括："独立不惧，遯世无闷。"程颐在解释时把这八个字重复了两遍，可见重视程度。

程颐对"独立不惧"的解释是"天下非之而不顾"。为什么天下都要"非之"呢？责任不在他们而在天下，因为整个天下都受到了"大过"的波及，不被波及的少数人反倒成了异类。对于这种天下舆论，能够大胆地"不顾"，那就是君子了。

在这里，程颐论及了"独立"的意义，在于不为整个"天下"所动，因此必然具有极大的勇气，达到了此卦所说的"不惧"。只有"不惧"，才能"不顾"；只有"不顾"，才能"不惧"。

程颐对"遯世无闷"的解释是"举世不见知而不悔"。这里的"遯"，其实是"遁"的异体字，是躲避、逃离之意。正因为这些君子不追随天下普及的"大过"，所以"举世"都不予理会，也就是"举世不见知"。"举世不见知"等于是遁世、避世，而这正是"大过"时代君子的主动选择，他们一点儿也不因此而苦闷。

既然天下都偏执了，那就独立于天下；既然举世都"大过"了，那就脱离于此世，这就是《周易》所赞赏的君子。但是，"独立"和"遯世"只是起点，他们还会坚持不同流合污、不趋炎附势、不随风起舞，终于给失衡的时代造成一种平衡，使"天下"和"举世"不再偏执下去。

按照《周易》的这一思想，我们永远要对那些不合潮流的伫立者、隐逸者、逆行者给予尊重。

天倾侧矣独手撑，地失衡矣我为砣，而且这一切都在不求见知、不求闻达的情况下完成，使我们不得不给予更高的崇敬。

恒卦 ䷟

"恒",其义与通行的理解一样,那就是恒久、永恒、持之以恒。当然,这是一个值得向往的卦象,尽管在持之以恒的漫长过程中还会遇到很多坎坷。

此卦的彖辞长达九十余字,为:"恒,久也。刚上而柔下,雷风相与,巽而动,刚柔皆应,恒。恒,亨,无咎,利贞,久于其道也。天地之道,恒久而不已也。利有攸往,终则有始也。日月得天而能久照,四时变化而能久成,圣人久于其道而天下化成。观其所恒,而天地万物之情可见矣。"

这则彖辞,实在是一首有关恒久的赞歌。如果用现代话语疏浚一下,大致是这样的——

恒,也就是久。一切事物,如果能够刚上柔下,雷风相与,随顺而动,刚柔皆应,便能恒。恒,亨通、无害、坚贞,便是长久之道。天地运行,恒久不息。利于前往,终而复始。日月得天道而恒久照耀,四时有变化而恒久天成,而圣人也因恒久地守于正道而育成天下。总之，观察种种恒久的现象，天地万物的性情也就显现了。

可见，"天地万物之情"就是恒久。用现在的话来说，是让时间的力量来证明一切。彖辞中举出的"日月"和"四时"是天道，由天道衍伸到人道，于是就有了"圣人久于其道而天下化成"。

但是，即便是圣人，在"久于其道"的过程中总会面临各种风险，因此恒卦中无一爻属于"全吉"。可见"久于其道"极为艰难。正因为这样，此卦在上述彖辞之后立即加了一则："**雷风，恒。君子以立不易方**。"

意思是顺着上一则来的：**不是说恒久要雷风相与吗**？那么，身为君子，就要立下不随便变易的方针。

这种"不易之方"，就是道；立下了，就是君子。

君子如果能"立不易方"到永久，也就成了"久于其道"的圣人。长久的君子成了圣人，而圣人就可以与日月、四时相辉映了。

睽卦 ䷥

一

我要特别讲述一则睽卦的象辞，着眼点就在于"睽"这个字。

"睽"，其义为差异、背离、违逆、相歧。既不同于和顺，也不同于敌对。这种关系，在生活中比比皆是，甚至要比完全和顺和完全敌对的关系多得多。因此，这是天天面对又很不容易面对的现象。对这种现象，《周易》是怎么说的呢？

请看睽卦中的象辞："睽，火动而上，泽动而下。二女同居，其志不同行。说而丽乎明，柔进而上行，得中而应乎刚，是以小事吉。天地睽而其事同也，男女睽而其志通也，万物睽而其事类也。睽之时用大矣哉。"

用现代话语疏浚一下，大概是：

睽，差异。火焰向上，流水向下，就是差异。两个女子合住一处，往往也有志行上的不同。那就不妨大家都愉悦地想念着光明的事，用柔顺之道向上而行，处处适中又不失刚强，这就从一系列小事而走向了吉祥。天地有差异但大事相同，男女有差异但志趣可通，万物有差异但情状类似。因此，差异的功用有时候实在很大。

这则象辞的重要价值，是把"睽"所包含的差异、背离、违逆、相歧这些不太正面的现象，提升成了一种天然规律，而不再是一堆无可奈何、有待弥合的不良裂隙。

你看，水和火有差异，天和地有差异，男和女有差异，难道这些差异是令人遗憾的吗？不。如果没有这些差异，世界将不再成为世界，风景将不再成为风景，而且，万物也失去了因差异而产生的巨大吸引力和依附力。

因此，这则象辞的最后说："睽之时用大矣哉。"

这个结论的重要性，不言而喻。

天下万物的互立、互补、互赏、互应、互待、互戏，全因为差异。很多人一听差异就皱眉，但实际上，一旦离开差异，世界就会无聊得逼人离开。唯有差异，让世界的每一个角落都与其他角落构成紧密的力学结构，于是世界也就成了世界。

二

"睽"，不仅仅是指差异。在程度上，还有更严重的，例如我在前面释义时所列的背离、违逆，甚至可能还会包括乖舛、乖讹、乖忤等含义。但是，即使如此，睽卦的这则象辞仍然合适。

不妨延伸一下前面已经列举的例子：水和火不仅有差异，而且到了难以互容的地步，出现过"水火不容"的成语；天和地之间，不仅有差异，而且有巨大乖舛，出现过"天壤之别"的成语；男和女，更是构成了人间的第一大"睽"，出现过"阴差阳错"的成语。但是，它们之间的这些背离，恰恰合成了正负相吸、相反相成的天下大道。没有另一半，世界就会因为失去了反向撑持的框架而顷刻崩塌。

对于《周易》的这个哲理，我想插一段闲话。二〇〇四年，我应联合国开发计划署之邀，参加当年要发布的《人类发展报告》的研究和讨论。我与世界各国的学者一致反对"文明冲突论"，认为对于不同文明之间的种种差异应该肯定、保护、欣赏。我们都主张，把南非大主教图图的那句话写入《人类发展报告》的前言之中。图图的那句话是"Delight in our differences"，意为"为我们的差异而欢欣"。我在发言时暗想，其实在图图大主教说这句话很久很久之前，《周易》已经做出了更果决的判断："睽之时用大矣哉。"所以，遥远的《周易》早已触及了几千年后人类还在为之苦恼的难题。

六年之后，我在与联合国教科文组织总干事博科娃女士的对话中，又郑重地提出这个话题。甚至，后来在几次年轻人的婚礼上，我也以"婚后必须天天欣赏彼此间差异"的建议，来赠送新郎、新娘。因为，我们是《周易》的后代。

三

能在差异中彼此欣赏，还需要有心态上的一些程序，例如象辞中所说的"说而丽乎明，柔进而上行，得中而应乎刚，是以小事吉"。

也就是说，面对差异，一是要心态光明，二是要目光上行，三是要行为适中，四是要柔中有刚，五是要由小求吉。经过这些程序，种种差异就有可能成为欣赏对象。

对于象辞所说的"小事吉"，也就是由小求吉，历史上有不同的解释。例如唐代孔颖达在《周易正义》中说："物情乖异，不可大事。大事谓兴役动众，必须大同之世，方可为之。小事谓饮食衣服，不待众力，虽乖而可。"可见，孔颖达认为这里的"小事"是指琐小之事。一般民众对世上太庞大的差异很难入手，却可以微笑着来面对身边琐小的差异。

但也有人认为，"小事"是指"以柔为事"，例如清代李光地等所撰《御纂周易折中》中引何楷的说法："业已暌矣，不可以忿疾之心驱迫之也。惟不为已甚，徐徐转移，此'合暌'之善术也。故曰'小事吉'。小事，犹言以柔为事；非大事不吉，而小事吉之谓。"我觉得后一种说法比较有理，但还是有偏差。

其实这里并没有多少"合暌之善术"。"暌"会产生自然之合，如果为"术"而故意取柔，并无必要。

最必要的，是"丽乎明"的心态。也就是说，不管遇到大差异还是小差异，都要愉悦地想着光明美好的前景。

四

在睽卦的六爻中,久之皆能合。无论是差异、违逆、乖舛,都应该宽容、平静地想到事情的另一面,争取正常的结果。这是《周易》秉持"大正"立场所散发的乐观精神,历来安慰了大量陷于苦恼的人。所谓"内卦皆睽而有所待,外卦皆反而有所应",也就是不管是内是外,是睽是反,都不必过于着急,相信时间可期待,相信天道有回应。

例如:

"上火下泽,睽。君子以同而异。"——即便到了水火不容的地步,君子也应该求同存异。

"丧马,勿逐自复。"——马丢失了,不必追逐,等它自己回来。

"见恶人,无咎。"——即使接见恶人,也未必有害。

"睽孤,遇元夫,交孚,厉无咎。"——因违逆周遭而孤独,只要遇到一个大丈夫,以诚信相交,那么,即使有险也无害。

"睽孤,见豕负涂,载鬼一车,先张之弧,后说之弧。匪寇,婚媾,往遇雨则吉。"——因违逆周遭而孤独,就会恍惚见到泥猪拉了一车鬼,想张弓射又没射。但那并非盗寇,可能是与自己婚配之人。一遇佳雨,便得吉祥。

最后这则，是一个不错的寓言，包含着一种极致而有趣的逆反哲理。"睽孤"中常常会幻见泥猪拉鬼，其实那是错觉，很可能倒是婚配的机会。试想，泥猪拉了一车的鬼，那是多么不好看、不相称的景象啊，但过度的怪异常常暗藏着相反的信息。细细一听，婚配的鼓乐已隐隐响起。世间最大的好事，往往有最可笑的引领。

可见，睽，永远是预留的机会。

五

读了不少古人对"睽"的注解，我还是觉得宋代程颐说的最合心意。

《周易程氏传》有载："天高地下，其体睽也。然阳降阴升，相合而成化育之事则同也。男女异质，睽也，而相求之志则通也。生物万殊，睽也，而得天地之和，禀阴阳之气，则相类也。物虽异而理本同，故天下之大，群生之众，睽散万殊，而圣人为能同之。处睽之时，合睽之用，其事至大，故云大矣哉。"

这一段话，虽是文言，却说得通俗易懂，又有宏观视野，我觉得大多数读者一看就能明白。那么，就让程颐来结束这个睽卦吧。

蹇卦 ䷦

睽卦之后,是蹇卦和解卦。

"蹇",是行走艰难;"解",是艰难的舒解。因此,可以连在一起讲。先讲蹇卦。

蹇卦明确地要人们承认"蹇"的存在,不要随意冒险。

蹇,难也。险在前也,见险而能止,知矣哉。

这句话的意思很明白,不必解释。"见险而能止",是人间真"知"。

但是,这是指一般人而言,对于真正的君子和贤达之人,也就是《周易》经常称道的"大人",就不一样了。他们有志向、有见识、有地位,应该在险难之时建功于邦国。

因此这则象辞在卜算了险难的方位之后便说,这种险难,"*利见大人,往有功也。当位贞吉,以正邦也。蹇之时用大矣哉*"。

这则象辞的意思是:险难之时,有利于"大人"的出现。他们勇往直前，建立功绩，不负地位，坚贞不懈，终能把邦国匡正过来。因此，险难也有很大的功用。

  这是总体趋势，而具体说来，"蹇"毕竟是"蹇"，险难毕竟是险难，要"往而有功"，必定会遇到很多曲折。此卦的各爻，有的标明见险而止，有的标明遇蹇返回，有的标明返回后又会遇到险难，有的标明险难终有朋友帮助，有的标明关键是要见到"大人"……

  可见险难实在是一种普遍而又长久的存在，人们应该及时敏感，有效应对，多方着力，不可莽撞行事。只有这样，才能让险难发挥很大的正面功用，最终让人赞叹一声："蹇之时用大矣哉。"

解卦 ䷧

一

于是，我们可以说解卦了。"解"，意为舒解危难。

解卦的象辞为："解，险以动，动而免乎险，解。解，利西南，往得众也。其来复吉，乃得中也。有攸往，夙吉，往有功也。天地解而雷雨作，雷雨作而百果草木皆甲坼。解之时大矣哉。"

这段话，用现代的语言来译述，大致是这样的：何谓舒解危难？那就是见到危难就要行动起来，种种行动又要免遭危难，那就叫舒解。要舒解危难，应该到西南方向，那儿人多。行事适中，就能回到平安吉祥。及时前往，也能回到吉祥，而且建立功绩。当天地在危难中舒解，就会有雷雨大作。当雷雨大作，百果草木都会舒展。由此可见，舒解危难，是一件大事。

象辞中所说的"西南"，是卜位所指"众庶之地"。魏晋时代王弼的《周易注》说："西南，众也。解难济险，利施于众。"

一遇危难，便想民众。集思广益、众手添柴，容易找到舒解之路。而且，在众人面前舒解了，也实实在在能让众人得利。因此，遇到危难时最好不要在小户门、小圈子里煎熬，而应该到"众庶之地"透透气，既有利于自己，也有利于众庶。

除了"利施于众"外，这则象辞还对舒解危难提出两个重点：

一是行动及时；

二是方法适中。

二

在解卦的其他爻辞和象辞中，又指出了舒解危难的几个难点。

一是避免自招。"负且乘，亦可丑也。自我致戎，又谁咎也？"

意思是："背负着重物而乘车，这个样子就很丑，由此招来兵戎盗寇，怪谁呢？"

对于负重乘车的比喻，《系辞上传》等古籍有过解释。古代乘车，是一种"派头"，而载物负重，应该由工人使用其他运载工具。如果两相混杂，有越位显摆之感。所以王弼对这个比喻的解释是"处非其位，履非其正"，最容易招来盗寇。这显然是自招之危，应该避免。避免了，也就舒解了。

二是避开小人。在舒解危难的时候，"小人"是一大障碍，他们投机取巧、落井下石，从小处坏事。

解卦两次讲到"解而拇",这个"拇"字,《周易音义》中引陆绩解释为"足大趾也"。这三个字的意思用现在的话来讲有点复杂:舒解脚趾间的隐疾。

脚趾间的隐疾,处位又低又小,却让你无法走路。这情状,实在太像"小人"给人们带来的麻烦了。《周易》居然那么早就用"脚趾间的隐疾"来代称"小人",这实在让我又惊又喜。我想,一切遭遇过"小人麻烦"的人都会与我有同感。

爻辞又进一步说,只有摆脱了小人,朋友才会来交心:"*解而拇,朋至斯孚。*"当然,小人也能获得化解:"*有孚于小人。*"

最终,"*君子有解,小人退也*"。

三是赦过宥罪。在危难中,不仅有小人,而且还有各种不善之人。《周易》的意思,当天地舒解,雷雨大作,对这种小人和不善之人也应该尽量赦免:"*雷雨作,解。君子以赦过宥罪。*"

既然百果草木也要舒展,那么不妨让这些人也舒展一下。

只有这种与天地一体的宏大胸怀,才能使舒解的目标真正达到。

因此,真正的舒解,在于心态的开阔、包容、端正。

损卦 ䷨

一

解卦之后，是损卦。"损"的含义很明白，那就是减损、省减。

损卦的彖辞是："损，损下益上，其道上行。损而有孚，元吉，无咎，可贞，利有攸往。曷之用？二簋可用享。二簋应有时，损刚益柔有时；损益盈虚，与时偕行。"

这则彖辞的主旨是"损下益上"，也就是减损下者，增益上者。

这个主旨在历代朝廷伦理中很容易以偏概全，变成下级臣民必须向上司奉献的意思。

其实，从《周易》数象来说，这里的"上"，是指"上艮为阳"；这里的"下"，是指"下兑为阴"。由数象引申，当然也可以联想到"下级"、"上司"，但是，可以涉及的范畴却很广，例如："下乘"、"上乘"；"下品"、"上品"；"下等"、"上等"；"下方"、"上方"，等等。虽也包括官场级别，却不能仅限于此。

据黄寿祺、张善文《周易译注》引马振彪《周易学说》的看法，则颇为高尚："损之为道，重在损下益上。推此义言之，在为学则自损其私欲以益公理，在处世则自损其身家以益天下，是皆损道得其正而合于时中者。"

这种说法，把"损下益上"解释成了"损私益公"、"损小益大"。

就我本人对文学艺术的关注而言，当然也希望努力减损下品，增益上品。尽管，下品的势力总是强于上品。

二

说了这一番话，就可以来解释上面引出的这一则彖辞了。其中的意思，用口语来说大体可以是这样——

减损。如果减损下，增益上，那么，其道就会上行。减损之道，只要诚信、吉祥、无害、守正，人们都会跟随。减损之道怎么做？拿两盒简单的食品供奉就可以了。当然，这样的供奉要适时，减损刚强者、补益柔弱者也要适时。天下的损益盈虚，都要适时而行。

这段话里有几层很好的意思：

一、损下益上，目的是"其道上行"，是好事情；

二、即便要损减某方，只要讲诚信，效果也会很好；

三、损减，不影响虔诚。即使是供奉之物，也可以减得简单；

四、不管是"损刚益柔"，还是"损益盈虚"，都要适时、应时。

三

在这则象辞后，损卦立即又紧随一则，为："*山下有泽，损。君子以惩忿窒欲。*"

这一则字数很少，却被历代学者重视，因为已经由减损之道上升到君子的修身之德了。

这里的"山下有泽，损"是一个比拟。"水泽边的山为什么那么高？因为水泽自减了高度，这就是减损。"

这个比拟，把减损看成一个主动行为，自谦行为。

唐代孔颖达的《周易正义》解释道："*泽在山下，泽卑山高，似泽之自损以崇山之象也。*"意思是，自我减损，是为了对比出身边真正的崇高。

在这样的思维方位上，"损"，也可能成为一种美德。

四

除了以自我减损来崇尚别人外，君子还要承担另一重减损，那就是减损自己身上不好的东西。

那么，君子有什么不好的东西要减损呢？

一为"忿"；

二为"欲"。

还是孔颖达说的："*君子以法此损道，以惩止忿怒，窒塞情欲。夫*

人之情也，感物而动，境有顺逆，故情有忿欲。惩者，息其既往。窒者，闭其将来。忿欲皆有往来，惩窒互文而相足也。"

朱熹在《周易本义》里也说："*君子修身所当损者，莫切于此。*"按朱熹的说法，君子要修身，就应当有所"损"。

如果把两层意思合在一起，那么，君子之称为君子，一要减损外在的光辉，二要减损内在的龌龊。前者是"减高而自矮"，后者是"减赘而自洁"。一外一里，合成君子。

这样的君子，当然是古典的标准。如果拿到现代，难于全然遵循。但是，《周易》的本义要比孔颖达和朱熹解释的宽泛得多。天下很多灾难，都是堆积的结果。不仅坏东西不可堆积，而且好东西也不可堆积。一个人，如果腰缠肩扛大量真正的财宝，也不可能轻松前行。个人是这样，人类也是这样。因此，减损之道，乃是人间大道。

由于被《周易》和老子引领，我日常为学生讲得最多的话题，就是"做减法"。例如，"为人生做减法"、"为文化做减法"、"为悲喜做减法"，等等。

时间不可堆积，行者不可负累。"损益盈虚，与时偕行"，一点不错。

益 卦

一

与"损"相对的,是"益"。

那就紧接着讲益卦。"益"的含义也正好与减损相反,是指增益。

益卦的象辞是——

益,损上益下,民说无疆。自上下下,其道大光。利有攸往,中正有庆。利涉大川,木道乃行。益动而巽,日进无疆。天施地生,其益无方。凡益之道,与时偕行。

在译述这则象辞前,先要说一下思维背景。

我们记得,损卦的主旨是"损下益上",那么益卦的主旨则是"损上益下"了。"损上益下"也有卦象上的依据,在一定的方位上,处于上方的,不是"震阳"而是"巽阴",而"巽阴"又柔顺地不违逆"震阳",结果就出现了"益下"的局面。

如果不执着于数位卦象,那么,人们确实能看到居上位者柔顺,因而能"惠下"、"就下"的情形。这甚至会让历史上具有民本思维的学者联想到"明王之道",多为佳誉。

这下我们就可以译述前面这则象辞了,大致是这样:

且说增益。减损上者,增益下者,民众就会欢悦无疆。由上施下,其道大有光亮。人们乐于前往,为中正而庆,同涉大川,舟行通畅。增益却又柔顺,日日长进道路宽广。这种增益,就像天所布施,地所生长,惠及万方。所以增益之道,与时间共享。

二

那么,在这种"增益"的好势头中,处身其间的君子应该怎么做呢?

益卦立即回答了:"**风雷,益。君子以见善则迁,有过则改。**"

意思是:这种增益,就像风气雷动,君子应该借势而增益自身之善,改去自身之过。

简单说来,在增益的大势中,让自己的品格也增益。为此,王弼在《周易注》中说:"**迁善改过,益莫大焉。**"也就是说,以"益"增"益"。

把"迁善改过"与"风雷"进行直接比附的,莫过于清代李光地等撰的《御纂周易折中》,里边是这样说的:

雷者,动阳气者也,故人心奋发,而勇于善者如之;风者,散阴

气者也,故人心荡涤,以消其恶者如之。

但我觉得,《周易》的本文,未必如此具体地划分"雷"和"风"的不同功用。比较合适的解释,还是以自己的增益,来呼应大势的增益。

然而,这种增益由于牵动阴阳,气势很大,因此让风雷来制造背景气氛。

其中,"见善则迁,有过则改"的教言,则是历代君子的座右铭。君子并不是一种固定的名号,而是一种天天都在增益的人格流动体。增益中有一种特殊的敏感,那就是快速地发现善,并立即趋向善。增益中也有一种减损,那就是减损身上的过。因此,"迁善改过"其实是对自身的两度校正。君子日日反省自己,无非也就是如何"迁善改过"。这样的君子多了,世间的增益也就会更加"其道大光"、"中正有庆"、"日进无疆"。

三

对于君子在增益过程中所向往的善,益卦也做了一个特别的补充,那就是:"益之用凶事,无咎。有孚中行,告公用圭。"

意思很重要:"益世的努力,要集中用于危难的事,使之无害。这期间,应该心存诚信,行为执中,就像捧玉圭祭祀一般恭敬。"

这就说明,大益大善,在于救凶扶危。这一点,当代中国在全民抗震、抗疫中都有杰出的表现。我曾奇怪地发现，很多经常在传媒间高调论世的知识分子，在大灾期间集体沉默，而且也毫无作为。我觉得，他们违背了《周易》的教导，比普通民众差了许多。

四

当然，此卦也有一则爻辞指出，即便在增益的势头上，也不是人人都在增益。总有人不仅没有增益，还受到别人攻击，而他的内心又不恒定，于是会有凶险。其文为："*莫益之，或击之，立心勿恒，凶。*"

这看起来是例外，其实数量也不少。遇到这种情况就十分无奈，唯一能做的，是"立心"要恒定，平静地面对"莫益之，或击之"的困境。在困境中，如果能从"立心勿恒"的焦躁中走出，倒是一种重要的"增益"。

夬卦 ䷪

一

益卦之后，是夬卦。夬卦不应遗漏，因为它是在讲决断。

夬卦的象辞为："夬，决也，刚决柔也。健而说，决而和。扬于王庭，柔乘五刚也。孚号有厉，其危乃光也。告自邑，不利即戎，所尚乃穷也。利有攸往，刚长乃终也。"

要明白这则象辞，首先要从中间一个费解的短句"柔乘五刚"说起。

《周易》对于阴柔，一直深表尊重，但从卦象看也会出现一种情况：某一个阴柔的角落显然有乘凌五刚的迹象。这里所谓的乘凌，也就是乘柔势而欺凌阳刚，显然是"小人"作为。于是，阳刚一方就要做出决断来制裁了。

介绍了这个起点，我们就可以理顺这则象辞的意思了。用白话来译述，大概是这样——

夬，也就是决断，这次是由阳刚裁决某种阴柔。一裁决，因强健而让人喜悦，因果决而让人赞和。可以在王庭上公布阴柔如何乘凌阳刚，诚恳地号令提防。总之，决断于危难，能让决断增光。有时，还要为城邑做出不利于开战的决断，这才能让决断不陷入困境。如能这样，大家乐于前往，得胜者便是阳刚。

这是对决断的一个综述。其中给人印象最深的，是说对于那些"阴柔小人"做出裁决时的强健、果决，一定能让人喜悦、赞和，即所谓"健而说，决而和"。这种因为痛快的决断而产生的正面效应，很多人都能体会。"刚"要让着"柔"，但不能无原则地忍让。如果对象是"阴柔小人"，"刚"往往无法对付。这种无法对付，会让大家失望，"刚"也不成其为"刚"了。在这种情况下，一个响亮的决断，会让局面豁然开朗。

二

这里就出现了夬卦对于君子的要求。

请看这一则："*泽上于天，夬。君子以施禄及下，居德则忌。*"

这需要多解释几句：泽水蒸发于天，必会下雨。君子下决断，就像是积储已久的雨，一时淋漓，施泽天下。君子固然有好品德，但是如果让好品德"囤积居奇"，没有"洒"下来的决断，那就会招人忌恨。

结论很明白，君子是敢于"下雨"，敢于做决断的人。如果是一个成天做不出任何决定的闷葫芦，那就不是夬卦里的君子。

三

夬卦里的君子必须有决断。但这种君子也会因为决断而遭遇不良的处境，于是就有了另一则爻辞。也有雨的比喻，但与上一则截然不同。

这则爻辞是这样的："**君子夬夬独行，遇雨若濡，有愠，无咎。**"
请看，以卦名"夬"的重复、重叠来形容君子，可见这个君子也够有决断的了，是一个刚毅果敢之人。但是，正因为如此，他只能"独行"。

前面说了，人们会为痛快的决断而喜悦，却不会站在决断者身边。决断有利于社会，但决断者还是被孤立。因此，决断者只能享用这个词组："夬夬独行"。

"独行"倒也罢了，正因为"夬夬"，又必然遭到"小人"的糟践。就像雨会把他淋湿一样，还会有种种愠怒针对着他，因此，"独行"得很不容易。当然，这一切都是"夬夬"的代价。

《周易》用最简单的方式支持这样的君子，那就是两个字："无咎"。意思是:放心吧,最终无害于你们。

归结这两则文辞关于雨的比喻,我可以顺着戏言一句:君子既要"下雨",又要"淋雨"。既会"下雨"又要"淋雨"的君子,才是《周易》称道的真君子。

兑卦 ䷹

一

这次二度译释《周易》，包罗了否卦、临卦、大畜卦、大过卦、恒卦、睽卦、蹇卦、解卦、损卦、益卦、夬卦，已经比我预想的要多得多。为了对这次译释做一个安慰，应该找一个愉悦的结尾。

于是，最后要说一说那个最愉悦的卦：兑卦。

这个"兑"字，在卦辞中的意思就是愉悦，欣悦。

此卦的象辞是这样的：

兑，说也。刚中而柔外，说以利贞。是以顺乎天而应乎人。说以先民，民忘其劳。说以犯难，民忘其死。说之大，民劝矣哉。

这里出现了五次"说"字，与"兑"字一样，都是"悦"的意思。那就可以译述这则象辞了——

卦名兑，也就是愉悦。刚中而柔外的愉悦，有利于让事情持续。愉悦，既顺乎天，又应乎人。

愉悦在民众前面，民众就忘记了劳累；愉悦在危难前面，民众能舍生忘死。可见愉悦功劳很大，能勉励民众。

寥寥几句，实在是一首"愉悦颂"。我看重其中三点：

一、愉悦有利于事情持续；

二、愉悦既顺乎天，又应乎人；

三、愉悦能对民众产生勉励。

我想，读了这则象辞，能使很多不太愉悦的人一展笑容。

二

那么，对君子而言，最愉悦的事情是什么呢？

兑卦立即推出这样一则象辞：

丽泽，兑。君子以朋友讲习。

开头是一个倒装句，意思是：何谓愉悦？答曰"丽泽"。

那么，什么叫"丽泽"呢？王弼在《周易注》中说，"丽"的意思是"连"，也就是双泽并连。对此，程颐《周易程氏传》说得更明白一些："丽泽，二泽相附丽也。两泽相丽，交相浸润，互有滋益之象。"

这里的"泽",是润泽的意思。天下的事,凡是能互相润泽,就会产生愉悦。《周易》认为,对君子来说,最愉悦的互相润泽,就是"朋友讲习"。

既然是最愉悦的事,那就非常重要,于是就引起了历来很多学者的解释。

唐代孔颖达在《周易正义》中说:"同门曰朋,同志曰友,朋友聚居,讲习道义,相说之盛,莫过于此也。"

这当然不能不使人想起孔子在《论语》开头所说的名言:"学而时习之,不亦说乎?有朋自远方来,不亦乐乎?"可见,《周易》与孔子把愉悦互相传送。

对此,宋代俞琰在《周易集说》中特地做了解释。他说:"若独学无友,则孤陋而寡闻。故《论语》以学之不讲为忧,以学而时习为说,以有朋自远方来为乐。"

顺着他们的意思,我要用自己的语言,讲讲《周易》把"朋友讲习"列为世间主悦的原因——

愉悦,产生于生命的期待。期待什么?期待高等级的异体生命的介入和润泽。

高等级的异体生命,来自于不同的空间和时间。不同的空间在远方,于是,"有朋自远方来",有了着落;不同的时间在典籍,于是"学而时习之",也有了着落。

当以上这两方面叠加在一起，自然就成了悦中之悦，乐中之乐。对此，孔子用了两句感叹来表述，而《周易》只用了四个字："朋友讲习"。

三

前面所说的愉悦，是中国历代君子们高尚而又奢侈的企盼。孔子的感叹语调，证明这样的好事不容易同时发生。在绝大多数情况下，人们是不太愉悦的。兑卦中也列出一些负面的爻位，如"凶"、"位不当"、"有厉"。

追求愉悦的人，要提防哪一些现象呢？卦中主要列出了两种：一是"*来兑之凶，位不当也*"；二是"*孚于剥，有厉*"。

这里边，"来兑"和"孚于剥"这几个字，要引起人们警惕。

"来兑"，是指特地来谋求愉悦。这个"来"，指的是有"来意"。什么"意"还不知道，但太主动、太突然，极有可能隐藏着邪佞目的。正如王弼在《周易注》中说："*来求说者也，非正而求说，邪佞者也。*"

"孚于剥"，是指以愉悦的名义来剥蚀他人。仍然是王弼的说法："*剥之为义，小人道长之谓。*"其实，"孚于剥"极有可能是"来兑"的"来意"。

说来说去，还是提醒一切追求愉悦的人，防范小人。

四

由于时位未达，又有小人作祟，因此愉悦之道常常处于"未光"的状态。在这种状态下，君子该做什么呢？

《周易》提供了二字箴言，那就是："引兑"。

"引兑"有两方面的含义：

一、把"未光"的愉悦引导出来；

二、把不太愉悦的人引诱出来。

当然还有人指出第三种含义：把过度的愉悦引向正道。

这几种"引"，都不错。因此，君子应该成为"引兑"之人。

还是回到象辞的意思，既然愉悦是一件"顺乎天而应乎人"的好事，我们为什么不去引导？

——以此结束本文，我很愉悦。

三度选释

系辞选释说明

在体制上,《周易》分为"经"、"传"两部分,一般分别称为"易经"和"易传"。

我们已经讲述的各卦的卦辞和爻辞,就属于"经"的部分。"经"的构建过程,是以占卜为起点,产生阴阳观念,创立八卦,撰写爻辞。完成的时间,离现在应该是三千多年了。

"易经"产生之后,遇到了学术思想极为活跃的春秋战国时代,诸子百家都发现了它的价值,尤其以孔子为代表的儒家,更是非常推崇。因此,就出现了介绍和论述易经的热潮。这种介绍和论述,也加入了新一代的思维高度,使"易经"的哲理分量大大加重,其实也变成了《周易》的"必要延伸"。

这个"必要延伸"的部分,就是"传",又称"传文"、"易传"、"易大传"。后来积累了十份之多,变成了"易经"的十支羽翼,因此又被称为"十翼"。《系辞》,便是其中一翼。

这里所说的"传",包含着传授、解释的意思。那么,这种传授、解释的工作是谁做的呢?司马迁认为是孔子,班固也认为是孔子。直到宋代,欧阳修提出疑问,他以多篇"易传"在内容、观点上的不统一为理由,认为并非出自一人之手。此后的考证就越来越走向周密和热闹，大家基本同意欧阳修的观点，赞成是"多人、多时"的作品。"多时"的中心时段，应该还是春秋战国时代，距今两千多年。

不管是怎么写成的，大家都充分肯定这些"传"对于"经"的贡献。其中，《系辞》尤其重要，因为这是对《周易》的总体概括，具有提纲挈领的意义。

《系辞》分为上、下两部分，我决定对自己认为更为重要又较少重叠的上部进行今译和阐释，以此作为整个《周易简释》工程的第三部分。

与前两个部分相比，我对这部分的今译做得更加完整。理由是《系辞》语势密集，如果让读者掉进注释和论述的深潭中，就很难泅得出来。

我对读者群体的预期，主要是熟悉中国古代文化却未能啃动《周易》的年轻学人，因此我要为他们搭建几座通向作品本体的渡桥。即使他们一时未到彼岸，站在桥上也能领略一派风光。

我的今译，一如往常，追求现代散文的语言节奏，以及语言节奏背后的心理节奏。这是因为，中国早期经典文本几乎都有一种迷人的"词语张力"，我们不能以学术的名义把这种张力丢失了。当然，在现代散文语调的背后，我还是恪守着学理的严谨，日夜与王弼、孔颖达、程颐、朱熹等学术先哲进行着深度的跨世研讨。当然，我又把这种跨世研讨引向了现代思维，因为无数事实证明，《周易》在当代生活中仍然能够产生深刻的效应，而且已经处处显露出指向未来的迹象。

为了文气连贯，我在译文的前后并没有抄录原文进行对照。好在《系辞》上下部，也就是通常所说的《系辞上传》和《系辞下传》的原文会附录于我的著述之后。我想，读了原文，读者更会体谅我在今译上的辛苦。

系辞上传之第一章

首先要讲的,是《系辞上传》第一章。

这一章通论乾坤大义,语言上有一种综观天地的"圣断"气概。我先要通过今译把这种气概传达一下。

一开头就这样说——

天尊地卑,乾坤就这样定了。

有高有低,贵贱各居其位。

一动一静,刚柔判然分明。

方以类聚,物以群分,由此产生吉凶。

在天化作天象,在地化作地形,时时都在变化。

你看刚柔摩擦,八卦推衍,以雷霆鼓动,以雨露润泽,日月运行,一寒一暑。

乾道生成男性,坤道生成女性。乾道创造一切,坤道承接成物。

乾道平易,坤道简约。平易让人知晓,简约让人服从。让人知晓就会让人亲近,让人服从就会建立功绩。让人亲近就能持久,建立功绩就能宏大。持久是贤人之德,宏大是贤人之业。

可见,只要平易和简约,就会得到天下之理,就会得到合适之位。

这一章，以开门见山的醒豁方式，概括了天地宇宙的经纬。一上来就说，乾坤世界，无非是尊卑、高上、贵贱、动静、刚柔这些关系在定位、在类聚、在群分，结果就产生吉凶。

这些关系，乍看是人间的，其实也应合自然，而且应合得气势宏伟，那就是"在天成象，在地成形"，"鼓之以雷霆，润之以风雨，日月运行，一寒一暑"。

这种"天人合一"的万象，并不是没有头绪。头绪就在于乾、坤两端。就连人类，也是由乾而生男人，由坤而生女人。而且，乾是起点，是"大始"，坤是承接，以"成物"。这就是天地宇宙的基本纲领。

在"乾"与"坤"这两大基本纲领运作的时候，头绪也很简明而清晰。由此，这一章进入了它的核心逻辑，那就是由"易"和"简"两个字来启动的一个推理过程。"易"是乾的特点，"简"是坤的特点。由于"易"，谁都能懂，有亲切感，而有了亲切感，什么事都能持久；由于"简"，别人愿意跟随，容易创造功绩，什么事都能宏大。

于是可以得出结论了：由于"易"和"简"，就会"久"和"大"，这正符合贤人的德业。所以，"易"、"简"两字，既得天下之理，又得合适之位。

"易"、"简"两字，可以解释成"平易"和"简约"。因此，这里也可能产生一个让当代人吃惊的现象：至深至艰的《周易》，居然把

"易"和"简"作为准则。世上历来有大量把事情越搞越复杂的人，他们读到这一章，一定会有点不好意思。

因此我要提炼一下：世事如果不"易"，那就一定不"知"、不"亲"、不"久"；世事如果不"简"，那就一定无"从"、无"功"、无"大"。结果，既建立不了自己的德行，也创造不了世间的功业。

这里出现了一个根本问题：为什么把世间诸事与天地大道联系起来，反倒是又"易"又"简"了呢？天地如此之大，包罗如此之广，运行如此之玄，何以用"易"、"简"来加以说明？这个问题，古代学者也发现了，并得到了很好的解决。例如，晋代的韩康伯就在《周易注》里注《系辞》时说："天地之道，不为而善始，不劳而善成，故曰易简。"意思是，天地因人们不随意作为而有了最好的起点，因人们不刻意劳顿而有了自然的合成。因此，要天地"善始"、"善成"，必须"易"、"简"。这是天地的启悟，不需要人们胡乱折腾。

对于这一章，朱熹的解释比较完整。他好像在复述，但字里行间包含着自己的理解。他在《周易本义》中说："人之所为，如乾之易，则其心明白，而人易知。如坤之简，则其事要约，而人易从。易知，则与之同心者多，故有亲。易从，则与之协力者众，故有功。有亲则一于内，故可久。有功则兼于外，故可大。德，谓得于己者。业，谓成于事者。上言乾坤之德不同，此言人法乾坤之道，至此则可以为贤矣。"

朱熹把这一章的逻辑梳理了一遍，就显得更顺畅了。

顺便说明一下，这一章的今译中有"方以类聚，物以群分"的词句,是沿用了原文。这个"方"字,是指观念方向,与"物"对仗。连在一起,就说明世上无论是观念还是事物,都是类聚和群分的。我喜欢原文的断然节奏,而且也不难懂,因此沿用于今译。

系辞上传之第二章

既然天地之理又"易"又"简",那么,君子在世也不必自己动太多的脑筋,按照《周易》的卦象过日子就可以了。

这就出现了第二章的内容。在《系辞》作者看来,人世间的吉凶、懊悔、变化都很正常,都不要看得太严重,想得太复杂。平时有空,与其深谋远虑,不如看看《周易》,以游戏、玩乐的心情来看待一切。种种遭遇,都是天在帮助我们,因此正正反反说到底都是有利的。

我把第二章的意思译述一下:

圣人设卦观象,并做解释,表明天下的变化都由吉凶、刚柔推衍而来。因此——

所谓吉凶,无非是得失的象征;

所谓懊悔,无非是忧虑的象征;

所谓变化,无非是进退的象征;

所谓刚柔,无非是昼夜的象征。

总之,爻卦转动,就能展现天、地、人这三极之道。

所以,君子能够安定居息,正是符合了《周易》的排序。

那么，君子就应该快乐地把玩爻辞。君子如果能够在行动中观察爻象，玩味占卜，那他一定能发现，原来一切都是天在佑助，吉祥而无所不利。

唐代孔颖达在《周易正义》中对这一章做了一个关键解释。为什么爻卦那么可信？因为圣人在设置时"莫不瞻观物象、法其物象"，也就是对种种物象进行反复观察和效法的结果。本来事态有吉有凶，"若不系辞，其理未显"，因此所谓系辞也就是把吉凶的理脉显示了出来。

正因为这样，君子学习《周易》，其实也就是承接了圣人的创立之意。所以朱熹在《周易本义》中说，这一章，"*言圣人作易，君子学易之事*"。

系辞上传之第四章

《系辞上传》的第三章指列了象爻、吉凶、悔吝、无咎等概念的定位，内容与前后文有重叠，本文就省略了。但是结语有点意思："是故卦有小大，辞有险易，辞也者各指其所之。"由于卦位大小不同，爻辞险易不一，都是各有所指，各自对应。

那么，我们就要讲述第四章了。这一章，朱熹认为是在"言易道之大"。一读之下，果然是大，而这种大思维还会在后面的章节中延续。

我的译述如下——

《周易》以天地为准，所以能包含天地之道。

仰观天文，俯察地理，就知道了明明暗暗的原因；

追寻原始，反求终点，就知道了生死存亡的规则；

聚精成物，游逸而变，就知道了神神鬼鬼的情状。

只要与天地靠近，就不会违逆；

只要周知万物而道济天下，就不会过失；

只要广行而不流泛，就能乐天知命，不会忧愁；

只要安于境遇而敦于仁义，就能博爱天下。

总之,化育天地而不偏差,曲尽万物而不遗漏,贯通昼夜而无所不知,那么,神奇的奥妙也就不会局限于一方,《周易》的力量也就不会局限于一体了。

从这些表述可以看出,《周易》造就了一个事事皆知、物物包容、处处神奇却又绝不僵化的宏大结构。

在这个结构中,君子"不违"、"不过"、"不流"、"不忧",形成了一种特别健全的人格。这是圣人的设计,又是君子的入圣之道。因此,朱熹在《周易本义》中说,"圣人用之如此"。

系辞上传之第五章

前面说过，乾坤是《周易》的基本纲领。乾坤之道也就是阴阳之道，于是这一章，就要从"一阴一阳"开头了。

我的译述如下：

一阴一阳就是道。秉承其道就是大善，成就其道便得本性。

仁者从中见到了仁，智者从中见到了智。百姓日用而不知晓，因此君子之道显得有点孤单。

其实大道显现于仁爱，潜藏于日用，鼓动于万物，似乎与圣人之忧不太相同。

这就是盛德大业的极致状态。拥有万物就是大业，日日更新就是盛德。

生生不息叫作"易"；

构成天象叫作"乾"；

效法地形叫作"坤"；

极尽蓍数叫作"占"；

流通变化叫作"事"；

阴阳不测叫作"神"。

这一章的含义很深刻。

基本思路是：一阴一阳是天下大道，决定了生成万物的大善，也规定了区分万物的本性。但是，因为是大道，覆盖广泛，人们不见得能立即辨认。

但是，问题并不出在普通百姓身上。反而是不少君子想得太多，又想得太窄。大道以各色各样的具体方式"显诸仁，藏诸用，鼓万物"，与那些君子对大道的忧思不太相同。因此，在这样的大道面前，君子之道有点孤单。

孤单的君子应该明白，这种在日常生活中具体呈现的大道，才真正称得上是"盛德大业"的极致，因为所谓盛德就要在具体展现中日日创新，所谓大业就需要拥有万民万物。

总之，这种大道并不在君子的思想中凝固成体，而是在日常生活中不断变化，直至"阴阳不测"。

阴阳不测，并不是阴阳之道的消减，而恰恰是阴阳之道的扩大。扩大到无法预测的状态，这才是真正的大。

如果要对这一章做一个首尾相衔的呼应，那就是："一阴一阳"之道，是"阴阳不测"之道。或者说，大道就是"不测"之道。

请注意，不是"难测"，而是"不测"，这就让我们的哲学思维进入了一个新的维度。"难测"，是在同一维度之内承受艰难；"不测"，则是再怎么艰难也是徒劳，事情进入了一个完全不可知的领域。

这反倒是契合了当代科学的前沿，例如，量子运行就是以"不测"为重要特征。

系辞上传之第六章

眼前是《系辞上传》的第六章了。这一章，仍然在说《周易》之大。我的译述是这样的：

《周易》真是又广又大。说远，它无止境；说近，它静而正；说天说地，它都具备。

它所说的"乾"，静止时能够专一，行动时能够刚直，因而产生了真正的大。

它所说的"坤"，静止时能够闭合，行动时能够开辟，因而产生了真正的广。

如此广大可以配合天地，变化通达可以配合四时，阴阳交替可以配合日月，易简之善可以配合至德。

这一章的核心，是陈述《周易》哲思的广大。

广大，不仅仅是指它覆盖了远近天地，而且又从乾、坤两端来申述了产生"大"和"广"的原因。乾，在静、动之间产生了大；坤，则在静、动之间产生了广。如此又广又大的结构之中，就可以产生很多"配"了，从"配天地"、"配四时"、"配日月"，直到"配至德"。

这么多的"配"——实现，广大也就更广大了。

用现在的话来说，这章表明，《周易》具有无边的时空幅度。最后一句，又触及了道德幅度。

系辞上传之第七章

我在本部分开头曾经说过,《周易》在诸子百家的时代尤其受到以孔子为代表的儒家学者推崇。那么,通论《周易》的《系辞》,大致也出自儒家弟子之手。正因为这样,他们也就很自然地把孔子对《周易》的评价加入其中。当然,有些段落也可能确实是孔子的自述。这在第七章、第八章中就特别明显。

请读第七章的传译。

孔子说:《周易》真是达到了极致,圣人以它来尊崇道德、推广功业。智慧要崇高,礼节要谦卑。崇高是仿效天,谦卑是仿效地。天地早就设定了位置,《周易》就在其中实行。成万物之性,定万物之存,这就是道义之门。

由于古文没有现代的标点符号,因此我们很难裁断这一章开头的"子曰"延及何处。是前面两句,还是直到末句。我从文气猜度,似乎更可能是前两句,即到"崇德而广业也"。

这一章的"知崇礼卑"、"天地设位"这两个命题,很有新意。世间的各种地位、方位、阶位,都是天地设定的。乍一看这有点被动,但是，只要身处高位时想想天，身处低位时想想地，那就会变得主动。

我更为看重的是最后八个字"成性存存，道义之门"。"成性存存"的说法连用了两个"存"字，有点特别，我采取了这样一种解释："成万物之性，定万物之存。"

这也就是说，前面提出的"天地设位"，既决定了各自的本性，又决定了各自的存在。这话如果倒过来说，也可以做这样的理解：万物各自的本性和存在，早就由天地设定。

"存存"这两个字的重叠，我觉得具有一种特别的深刻性，如果用现代哲学语言来表达，就变成了一个有点拗口的句子："存在于各自的存在状态。"

让万物既获得了各自本性，又取得了存在权利，那就是"道义之门"。可见，这里所说的"道义"是"大道义"，关及天地秩序中的安分守己。在天地秩序中，既找到了位置，又找到了自己，如果人人都能如此，那还不是"大道义"吗？

因此，正是《周易》，以最宏观的方式开启了"道义之门"。

系辞上传之第八章

现在要进入让我有点心重的第八章了。为何心重？因为太长，又有不少方向不同的引语，讲起来比较费事。

毕竟躲不过了，还是先做最难的事，把它译述出来吧。

圣人发现天下之理太深奥，就比拟它们的形貌，做适宜的象征，这就叫"象"；

圣人又发现天下事物太变动，就观察它们的会通状态，构成典仪形式，并提供文辞断其吉凶，这就叫"爻"。

这就是说，见到太深奥而不厌恶，见到太变动而不错乱，只在比拟后再发言，只在文辞后再动作，并以这种比拟和文辞来把握变化。

爻辞有言："鸣鹤在阴，其子和之。我有好爵，吾与尔靡之。"意为有好事就会共享。

孔子说："君子在家，发出善言，千里之外都会响应，更何况近处的人。反之，如果在家发出不善之言，千里之外都会反对，又何况近处的人。所以，一个人的言，虽然出于自身，却会加于民众。一个人的行，虽然发于近处，却会显于远处。言行，实在是君子的枢机——户枢和弩机。枢机发动可决定荣辱，君子言行可牵动天地，怎能不慎重？"

爻辞有言："同人，先号咷大哭而后笑。"意为要想和同于人，总是先哭泣后欢笑。

孔子说："君子之道，或出行，或处家，或静默，或发言，只要两人同心，就会像利刃一般切断金属，而其间的气息，就像兰草一般幽香。"

爻辞有言："初六，藉用白茅，无咎。"意为借用白色茅草衬垫祭品，便无咎害。

孔子解释道："本来把祭品直接放在地上也是可以的，现在用白茅来铺垫，当然更不会有问题了，这就是敬慎的例子。茅草虽然很微薄，但慎重地用了就会有分量。如果能够一直这么慎重地往前走，就不会有害。"

爻辞有言："劳谦，君子有终，吉。"意为勤劳而又谦虚，君子若能始终保持，便得吉祥。

孔子解释道："勤劳而不自夸，有功而不自命有德，真是敦厚至极。这就是说，即便有功也应该居于人下。德行要讲究盛大，礼仪要讲究恭敬。这样的谦虚，就能以恭敬来保住地位。"

爻辞有言："亢龙有悔。"意为过于亢奋的龙，迟早会有悔恨。

孔子解释道："这样的人，尊贵而没有实位，崇高而脱离民众，贤人处于下位而无法辅助他，因此只要轻举妄动，就必将悔恨。"

爻辞有言："不出户庭，无咎。"意为不跨越本应慎守的户庭，就不会遭害。

孔子解释道："乱的产生，往往以言语不慎为台阶。君主不慎就会失去臣子，臣子不慎就会失去生命，办事不慎就会造成祸害。因此君子应该慎密，不出界限。"

爻辞有言："负且乘，致寇至。"意为负重荷而乘大车，会招来盗寇。

孔子解释道："作《周易》的人怎么也会深知盗寇！是啊，背负重荷本是下人的事，而大车，则是君子的乘具。如果下人坐上了君子的乘具，就会使盗寇产生抢夺的念头。因此，只要居上位者处事轻慢，居下位者做事过分，就会遭到盗伐。同样的道理，不加严守的收藏会引来盗寇，过于妖冶的打扮会引来淫邪。因此，《周易》要以负乘致寇来比喻。"

一般解释《系辞》的著作，总习惯于把这一章里所引用的不同爻辞挤压在一起，又把孔子的话粘连在中间，结果容易让读者陷入迷魂阵。因此，我在传译之前要做的工作，是把段落分开，让每一段建立自己独特的含义。这样做，一定会给读者带来阅读上的方便。

这一章开头，首先讲述《周易》产生"象"和"爻"的由缘。

《周易》的格局形成，是出于实际需要。因为事理太艰深，所以有了"象"；因为世事太变动，所以有了"爻"。由此，概括出了《周易》的一种积极态度，那就是看见艰深而不厌恶，看见变动而不错乱，而是认真应对，找出办法，结果就把握住了艰深，也把握住了变动。

这一段对《周易》积极的学理态度的推崇，非常重要。在我看来，也是中国古代元典的共同态度，与世界上其他古文化很不一样。

遇艰深而设象，遇变动而问卜，展现出一种务实、简明、谦逊、诚恳的文化风范。这便是"周易风范"。

本章举出了七则爻辞，让孔子来逐一解释。

这七则爻辞各有出处——

第一则"鸣鹤在阴"，来自于中孚卦，孔子借以说明"善言共享"的道理；

第二则"同人，先号咷而后笑"，来自于同人卦，孔子借以说明"二人同心，其利断金"的道理；

第三则"白茅，无咎"，来自于大过卦，孔子借以说明敬慎的态度能够化薄为重；

第四则"劳谦"，来自于谦卦，孔子借以说明"德言盛，礼言恭"的谦恭之道；

第五则"亢龙有悔"，来自于乾卦，孔子借以说明过于亢奋的轻举妄动必然导致悔恨；

第六则"不出户庭"，来自于节卦，孔子借以说明慎守界限，不要随意跨越；

第七则"负且乘",来自于解卦,孔子借以说明上下不当容易招来侵伐。

通观这七则爻辞和孔子的解释,内容各不相同,但大致涉及了君子之道的一些重要特征,例如享善、同心、敬慎、谦恭、节制、慎守、合分。因此,这一章集中表达了《周易》与儒家思维的互通关系。

系辞上传之第九章

我说过，历代的《周易》研究，一直有"象数学派"和"义理学派"的对峙互济，我的译释，大多倚重"义理学派"。其实，"象数"的研究，是《周易》的起点，又是《周易》的归结，非常重要。我曾一再预计，在当代大数据、概率论和数位智能的拓展下，将会大有前景。

在"象数学派"中，又有重"象"还是重"数"的区别。前面已经说到，"象"是针对着天下之理太深奥而产生的，"数"是针对着天下事物太变动而产生的。"数"的要旨，是占卜求卦，而出爻辞。这究竟是怎么操作的呢？第九章特别介绍了一下。其中内容，对很多读者来说可能有点隔膜，但是我还是希望一切试图进入《周易》殿堂的人都有所领略。即便颇为陌生，也该稍稍关注，因为这是《周易》家里的事，而且又出现在这家的大门口。

我且做一些粗疏的传译。如果有的读者读起来觉得费劲，也可以跳过去。

天数有一、三、五、七、九这五个奇数，地数有二、四、六、八、十这五个偶数。天数五，地数五,五位相得而各有磨合。五个天数加在一起是二十五，五个地数加在一起是三十，天地之数共为五十五。正是以此为据，构成无穷变化而如鬼如神。

广为推衍的占筮，以五十为数，实际运用时为四十九。把四十九支蓍草分为两部分，象征天地两仪；再取一支蓍草夹在左手小指间，象征天、地、人；每束四支，象征四季。把右手算余的蓍草夹到左手无名指间，象征闰月。五年有两个闰月，因此再把左手算余的蓍草夹住，另起一卦。

乾卦六爻共二百一十六支蓍草，坤卦六爻共一百四十四支蓍草，共得三百六十之数，相当于一年的天数。《周易》上、下经共六十四卦，这就可以得出一万一千五百二十之数，正合"万物"之说。由此，经过四度推演而成《周易》，经过十八次变形而成卦，又经九变而使八卦小成。

如此不断地引而伸之，触类长之，天下之事也就穷尽了。这中间，又要彰显美德嘉行，在酬酢对应中福佑神明。因此孔子说："知变化之道者，也就能知神之所为。"

即使我们不明白其间的具体运作技能，也能感受到在占筮过程中数字的魅力。看到的似乎是那一支支、一束束、一把把可点可数的蓍草，其实背后已经涌动着数字的排列、组合、转化、撞击、叠加、反算、流逸、归位。在古代，这样的数字已经颇为庞大，因此占筮求卦的行为也十分壮观。

孔子所说的"神之所为"，其实也就是天地大道所呈现的运行规则。要领悟这种规则，不是去追寻什么条文，而必须追寻具体变化。神，只有在变化中才能有所作为。因此，要瞻仰神的风采，只能进入无数爻卦闪烁的洪流之中。

系辞上传之第十章

第十章一开始就指出，对《周易》，圣人可以有四个方面的作为；立即又说，君子的行为离不开《周易》。那么，《周易》怎么会拥有如此无事不通、无远弗届的超常思维呢？这一章提供的答案出人意料，竟然是两个字："无思"。

"无思"，居然超越了宏观之思和精细之思。为什么？看看这一章就明白了。

我的传译如下：

《周易》包含着圣人四方面的作为，那就是：以语言崇尚爻辞，以行动加持变动，以制器弘扬卦象，以卜筮推衍占卦。

君子在将要行动之前，总要向《周易》问卦，然后接受其命如同回声。无论远近幽深，都能推知未来。若非洞悉天下的至精至微，怎么能做到这样？

变化复杂，数象错综，《周易》却能通其变，而成天地之文；报其数，而定天下之象。若非洞悉天下的极端变化，怎么能做到这样？

其实《周易》既无思，也无为。它只是寂然不动，凭着感应而通晓天下。若非成了"天下之至神"，怎么能做到这样？

圣人在《周易》中，只从极深处探测天地精微。因为极深，便能通天下之志；因为精微，便能成天下之务；因为有神，便不疾而速，不行而至。

孔子说《周易》包含着圣人的种种作为，就是这个意思。

这一章最精彩的论述，是断言达到最高智慧的原因是"无思、无为、寂然不动"。因为只有这样，才能真正地感应天下，从而通晓天下。

这个判断，常人可能很难理解，但确实具有高超的理由。因为如果有思、有为，主导者还是少数人，他们的思考和作为必然都有局限，都有偏执，都有差错。其实天下最大的思考和最大的作为是由天道来完成的。

这种天道，后人有很多命名，例如大道、天命、元气、至理、定数，等等，所有的命名各有侧重，却有一个共识，那就是超越人力、人心、人智、人为。

天地宇宙间确有一种超越人力、人心、人智、人为的神奇力量。连最平庸的百姓都发现了，于是就不断虔诚祈祷。那么，圣人和君子当然更会承认，《周易》就把这种承认，变成了运作文本。

因此，不难断言，《周易》既不是出于人的思考，也不是出于人的作为，它只是寂然不动地感应天道。

进一步，这一章又说明，这种"无思、无为"有几个特点。

《系辞》原文用"极深而研几"说明了两个特点，一是极深，二是精微。文中的"几"，就是精微的意思。也就是说，虽然无思、无为，却在终极深度上感悟着万物的精微。

这种无思无为的极度精微，我们在生活中也能约略感受到。

例如，一位德高望重的泰斗级拳师，难道还会思考拳法拳路吗？他安静无事，但瞟一眼世间拳赛，就能在终极深度上判断各路赛手的精微之差。顶级哲人更是这样了，看上去，他不再思考，不再发言，却总能在沉默中"极深而研几"。当然，《周易》比这些例证更宏大，因此也更无思无为，更寂然不动。

这其中，确实能看到一种神力。这一章把它说成是"天下之至神"，"唯神也"。很多当代的研究者喜欢把这种"神"说成是"自然规律"，有点近似，但肯定不对。神之为神，就是具有超越规律、突破规律的引领之力。一切都"规律"了，也就不神了。更多的当代研究者喜欢把"神"这个名词更替为形容词，也就是以"神奇"、"神秘"来解释。这显然是侵凌并取消了话语主体，很不应该。

由于频频看到现代论文中把"天下之至神"说成是"自然规律"，我在传译时故意保留了部分原文，让"天下之至神"仍然回到自身。同样，原文中"唯神也，故不疾而速，不行而至"，我也不传译成"只有自然规律，才能让他们增速，甚至不行走也能到达"。对我来说，以原文原词来表达，感觉更为舒服，而且相信读者也能理解，并在理解中享受本有的语言节奏，这就一举两得了。

这事，我在《老子通释》中也做过实验，也就是不把"千里之行，始于足下"按照现代权威译本翻译成"千里的远行,从脚下第一步开始",而是保留原文的这八个字。我说,在译文中保留原文,是中国古典美文与现代阐述语言的一种有趣"复调",是古今语文的"相拥而笑"。

系辞上传之第十一章

第十一章的开头，有的版本又用了第九章"天数五"、"地数五"的内容，我为了避免重复，就省去了，直从"子曰"，也就是从孔子的设问开始。孔子的设问引出了《周易》的地位和作用，又渐渐回溯到"乾坤"、"太极"、"两仪"、"四象"、"八卦"等一系列基本命题。

因此，这一章是在梳理《周易》在学理上的宏观结构。由于涉及的概念又多又大，我们读起来要格外小心。

我的传译如下：

孔子说："《周易》究竟是什么？《周易》能打开万物，成就事务，囊括天下之道，如此而已。"

所以，圣人能通天下之志，定天下之业，断天下之疑。

所以，蓍数的功能圆通而神奇，八卦的功能方正而明智，六爻的意义简易而坦白。

圣人以《周易》洗心，退而密藏，卜知吉凶则与民众一起承受。神秘地推知未来，明智地收藏过去，谁能比得上？也许只有古代那种聪明睿智、神武而又不好杀生的人。圣人明白天道，察知民情，引导占卜，以《周易》斋戒，彰明德行。

关门就叫"坤"，

开门就叫"乾"，

一关一开叫变化，

来往无穷叫作通。

可见称为"象"，

成形称为"器"，

制而用之叫仿效，

民众都用叫作"神"。

《周易》有太极，

太极生两仪，

两仪生四象，

四象生八卦，

八卦定吉凶，

吉凶生大业。

效法莫大于天地，

变通莫大于四季，

天象莫大于日月，

崇高莫大于富贵。

备物致用，创器具而利天下，此事没有比圣人做得更大；

探幽索隐，钩深致远，定天下吉凶，助天下勤勉，此事没有比占卜做得更大。

所以，天生神物，圣人遵从；天地变化，圣人仿效；天象吉凶，圣人模拟；河图洛书，圣人凭依。

《周易》有四象，便显示出来；有系辞，便告知世间；定了吉凶，便做出决断。

一读就知道，这一章体格很大，几乎贯通了《周易》的多数重大课题。但是，由于行文紧迫、迅捷，语言短促、爽利，变成了一个密集的"定义丛林"。

系辞上传之第十二章

这是《系辞上传》的最后一章,第十二章。与第十一章一样,本章涉及《周易》中的一系列基本概念,具有总结的意味。

我的传译如下:

《周易》爻辞有言:"自天佑之,吉无不利。"意为有天保佑,吉祥无所不利。

孔子解释道:"保佑,就是帮助。天帮助的,是顺畅的人;人帮助的,是诚信的人。诚信而顺畅,又能尊重贤人,所以必受保佑,无所不利。"

孔子又说:"书不尽言,言不尽意。"但如果这样,圣人的"意"就不能显现了吗?

孔子回答说:"圣人立象已经尽意,设卦已尽真伪,系辞已尽其言,变通已尽其利,鼓舞已尽其神。"

乾坤两卦,是《周易》的蕴藏。只要乾坤成列,《周易》就立在其中;如果乾坤毁了,那就见不到《周易》了;见不到《周易》,乾坤也几乎要止息了。

形而上者谓之道，

形而下者谓之器，

化而裁之谓之变，

推而行之谓之通；

以上四言，若能举而措之，天下之民谓之事业。

所谓"象"，是圣人发现天下奥义难明，便比拟成形状容貌，作适宜的象征，所以叫"象"。

圣人又发现天下变动不息，便观察其会合变通，给予占卜典礼，再加系辞断其吉凶，由此成"爻"。

总之，极天下奥义存乎卦，

引天下变动存乎辞，

化而裁之存乎通，

神而明之存乎人。

什么样的人？

默而成之，不言而信，存乎德行。

通过层层叠叠的递进，最终把《周易》的要旨归结到人，而且认为要把上面所说的一切做得神奇和明亮，只靠人，即"神而明之存乎人"，这很高明。

对人的要求，一为"成"，二为"信"，而且又把这两者归入"德行"。这就是《周易》所构建的人格理想。

从并无品行标准的占卜，一步步提升至此，这正是《周易》所潜藏的精神暗道。在很多情况下，暗道变成了大道。但在更多的情况下，大道又变成了暗道。

系辞下传之第五章

我们已经对《周易》的《系辞上传》做了译述和阐释。由于《系辞下传》在内容上有较多复述、互论等重叠因素，我就让过了。但是，心里还有一个放不下的章节，那就是第五章。

《系辞下传》的分章，古人颇有分歧，我采用的，是朱熹在《周易本义》里的分法。第一章泛论卦爻变易中的吉凶，第二章、第三章从神话史迹来说易卦中的"观象制器"，第四章再谈阳卦与阴卦的差异，这都有明显的重叠成分，但到第五章就不一样了，洋洋洒洒，颇有《系辞上传》第八章的气象。在我看来，这也是《系辞下传》的精华所在。

但是，麻烦也是同样的，过于错综复杂的密集对垒，有可能使很多读者觉得负重过度，我有责任帮他们整理一下。因此，在预定的基本工程结束之后，还想叩一下这个小庭院的门。

当然，最关键的还是译述。太长，我们分段来吧。

爻辞有言："憧憧往来，朋从尔思。"意为思虑重重，往来反复，结果连朋友也跟着你这样。

孔子说："天下有什么好思虑的？天下的事，殊途同归，终究一致却有百般思虑，其实又何必思虑？太阳走了，月亮就来了；月亮走了，太阳就来了，它们互相交替使光明长存。寒冬走了，暑热就来了；暑热走了，寒冬又来了，它们互相交替使岁月成形。走是退缩，来是伸展，它们互相交替使天下得利。小虫缩身，只为伸展；龙蛇蛰伏，只为存身。精义入神，只为致用；用来安身，只为崇德。除此之外，还有什么？极尽天理，懂得变化，这就是盛大之德。"

这一段的主旨，是以自然现象告诉人们，世间的一切变化都出于自然安排，而且这种安排终究会使天下得利（"利生"），因此任何人都不必思虑重重。极尽天理，懂得变化，服从安排，就是盛大之德。这一思路，在《周易》中一脉相承。前面讲到的《系辞上传》第十章所谓"无思、无为、寂然不动"，也是同一含义。

如此反复强调，正证明了天下有太多思虑重重的人。今后，凡是遇到这样的人，我们可以用《系辞》所引孔子的话来规劝："天下何思何虑？""天下何思何虑？"既然孔子重复了两次，我们也可以重复两次。

为了引出"思虑重重"，本章借用了"憧憧往来，朋从尔思"的爻辞。这八个字，出自咸卦。

那就让我们再看下一段。

爻辞有言："困于石，据于蒺藜，入于其宫，不见其妻，凶。"意思是，困于巨石，据于蒺藜，回家也见不到妻子，这就是凶。

孔子说："困在不该困的地方，名必辱；据于不该据的所在，身必危。既然又辱又危，死期将至，哪里见得到妻子？"

这段话，孔子指出了造成"凶"的原因，在于"困"得不对，"据"得不对。

借用的爻辞，来自于困卦。这段话的原意，与婚配有关。要得婚配，不可进入两种不良状态，一是碰到了石头一般的冷漠，二是踩到了处处有刺的荆棘。如果真是这样，那就不可能把妻子娶回家了。孔子引用这则爻辞，已超越了婚配，把"困于石，据于蒺藜"当作人们必须违避的"失败模式"。或者说，多数失败都与此有关，也就是孔子所说的"非所困而困焉"、"非所据而据焉"。

用我们的日常语言来说，一个人不可能不受困，但受困，也要受困在一个像样的事端上；一个人不可能不依靠，但依靠，也要依靠在一种顺当的氛围中。如果发现自己的陷入之处有疑问，或者自己的依靠之人不可信，就要赶快脱离，否则必有凶险在前。

再看下面一段我的译述——

爻辞有言："公用射隼于高墉之上，获之，无不利。"意思是，某公射下了居于高城上的猛隼，将其捕获，没什么不利。

孔子解释道："隼是猛兽，箭是武器，发射的，是人。君子藏器于身，待时而动，哪有什么不利？只要敢于行动而不纠结，那么外出必有收获。也就是说，君子身上要有现成之器，然后行动。"

这一段，表达了三个很好的意思：

一、是猛禽，就该射，哪怕它居于高墉；

二、君子要射,就必须藏器于身,待时而动;

三、在行动时,不能纠结。

这里所译的纠结,原文是"括",晋代韩康伯在《周易注》中说:"括,结也。"这个结,有滞塞之意,我们说纠结,大体合适。

孔子把一个射隼的行动引到了君子身上,并表述了他平常在论述君子之道时没有明确论及的一种素质,那就是"藏器于身、待时而动",因此非常重要。这里的君子,显然更具有主动进攻的色彩,与人们平时理解的君子有很大差别。显然,这样的君子更有历史重量。孔子本人,反倒欠缺这种素质,尽管他心中早有认知。

既然说到了君子,孔子的话匣子就打开了。当然,他一想到君子,总是要拉出小人这种不可或缺的"对立面人格",对君子做了最好的反向注解。

请看紧接着的一段论述,讲的全是小人:

孔子说:"小人不耻不仁,不畏不义,不见利益就不勤勉,不受惩罚就不戒惧。如果受到了小小的惩罚能获得大大的戒惧,那反倒是小人的福气了。爻辞有言:'足戴刑具而遮没了脚趾,没什么不好。'指的就是这个意思。"

孔子又说:"善不积不足以成名,恶不积不足以灭身。小人觉得小善无益就不做,认为小恶无伤就不除,结果,恶积而不可掩,罪大而不可解。"

这就用得上另一则爻辞了:"何校灭耳,凶。"意为肩荷刑具而遮没了耳朵,那就是凶。

这里，为小人摆出了两个刑罚等级，一是小惩罚，刑具遮没脚趾；二是大惩罚，刑具遮没耳朵。孔子认为，小惩罚对小人有好处，因为有可能换来大戒惧。但是，如果没有换来大戒惧，反而继续负面积累，那就会招来大惩罚，很难有救了。

小人的负面积累，初一看都是小事，那就是孔子说的"*以小善为无益，而弗为也，以小恶为无伤，而弗去也*"。无论善恶，都很小，但大善大恶也正是由小而合成。如果在日常生活中习惯性地不行小善，不拒小恶，那么，总有一天，就会到达"恶积而不可掩，罪大而不可解"的严重地步。这话也可以反过来说，只要天天行小善，拒小恶，小人也有可能渐渐变成君子。

孔子是始终关注政治大局的人，因此在说过了君子和小人的善恶凶吉之后，又自然地扩而大之，从宏观的安危存亡上来讲述君子之道。

孔子说——
危殆的，总是安踞其位的人；
灭亡的，总是力保长存的人；
败乱的，总是自恃治理的人。
所以，君子安踞而不忘危殆，生存而不忘灭亡，治理而不忘败乱。只有这样，才能身安而国家可保。

说了这句话，孔子又想对"灭亡"补充几句——

爻辞有言:"其亡其亡,系于苞桑。"意思是,如果能够老是想到灭亡,那反倒会让自己的命运像系于田园一般安然无恙。

孔子认为,导致灭亡,必有三重分裂:一是德薄而位尊;二是知小而谋大;三是力小而任重。有这三点,就很难不招大祸。

爻辞有言:"鼎折足,覆公悚,其形渥,凶。"意为鼎足因不能承重而折断,食物倾覆,形态污浊,那当然是凶祸。

孔子说,不能承重而折断,就是这种情况。

"鼎折足"的爻辞出自于鼎卦。我很喜欢孔子借鼎足不能承重而折断的比喻,来指证天下凶祸的重要原因是"扛不动而硬扛"。他所说的三点,我们到处可以看到,那也就是说,到处都有凶祸的根苗。那就让大家记住这三点——

"德薄而位尊";

"知小而谋大";

"力小而任重"。

这三点,初看只是"不当"、"不配",结果却会导致"不生"、"不存"。

这一章讲到这里,内容已经不少,但还没有充分地论述君子。难道,孔子前面的言论,都在做一种铺垫?

那就要看下面的段落了。

孔子说："知道世间精微的人实在很神。君子与上交往不谄媚，与下交往不轻慢，可说是知道世间精微了吧？所谓精微，就是从微小的变动而获得先知。君子一旦发现就立即行动，等不到过夜。爻辞上说：'介于石，不终日，贞吉。'既然是耿介如石的人，明白了前景为什么还要等到过夜？必须当日决断。只有这种知微知彰、知柔知刚的君子，才是万夫之望。"

孔子说："颜渊，可能已达到了这种境界。只要有不善的苗子，他总能发现，发现了，就不让它重复通行。"

说了这么多，孔子似乎松了一口气。既然是遵照《周易》在论述，他就要进一步从《周易》的思维，对君子的品行做一个补充了。

因此就出现了下面的段落。

爻辞有言："不远复，无祗悔，元吉。"意为行之不远就复归正道，无可悔，吉祥。

孔子说："天地交融，万物化醇，男女相合，万物化生。《周易》所说'三人行，则损一人；一人行，则得其友'，说明还要自握其一。君子先安定自身而后行动，先平定心气而后发言，先确定交往而后要求。君子能修此三者，就人己两全了。如果反着来，危险的行动，民众不配合；慌乱的发言，民众不响应；无交情的要求，民众不给予。没有给予者，伤害者就来了。正如《周易》说的，无人助益，有人攻击，立心不恒，有凶险。"

对于这段话的内在逻辑，我需要做一个说明。

"不远复"的爻辞，只是逻辑启动前的一个引语。逻辑是从"天地"、"万物"开始的。孔子的意思是，在天地万物的繁盛之中，君子首先要把握住自身。他人再多，往往会互相抵消。这里引用了损卦中的"三人行，则损一人；一人行，则得其友"的哲言。损卦是从阴阳关系来建立这则爻辞的，却实在道出了人世间的一个深刻道理。孔子虽然在《论语》中说过"三人行必有我师焉，择其善者而从之，其不善者而改之"的话，但这是就"我"与同行者的互相学习关系而言的。如果深察三人在友好关系背后的损益消长，那么，《周易》认为，会有一人受损。因此，"我"尽可以在三人中问学求道，但如果把生命贴附于"三人"，那就有可能损了自己或另外两人。如果让自己的生命自立，不再贴附别人，或被别人贴附，反而会得到更刚健的朋友。古文中的"三"，往往意指"多"。因此，这里出现的，是一种峻厉而高超的人际关系论述。

这一章把"三人行，则损一人"的负面效果引向了一个正面结论，叫"致一"，也就是把万象归于一端。这一端，就是君子的自身生命。至此，我们再读下面几句就很明白了："君子安其身而后动，易其心而后语，定其交而后求。"也就是说，一切从自身出发，自己的身体、自己的心态、自己的交往，先一一安顿好了，再行动，再说话，再交往。

"君子修此三者，故全也。"这里所说的"全"，可以是"两全"，其实也是多方之全。君子由"致一"，抵达了"致多"、"致众"、"致无限"。

如果没有"致一",那么,要行动让人觉得危险,要发言让人觉得疑惧,要交往让人觉得陌生,那就一定会处处走不通。

因此,君子回到自身,好像把世间缩小了,其实反倒是建立了自身与世间的良性关系,把生命扩大了。相反,有很多人成天拉帮扎堆,一群人好像亲如兄弟,其实是一种互损关系,不仅什么事也做不成,而且正如《周易》所说,有凶险。

好了,讲解了《系辞下传》的这一章,篇幅那么长,内容那么多,我们也就更进一步领略了《系辞》的整体风貌。至此,我的《周易简释》工程,便可以完全结束了。

毕竟是讲《周易》,读者们一定已经非常劳累,那我就只能深深鞠躬,感谢你们与我一起攀援了这座高入天际、云遮雾罩的远山。

周易原文

本部分及下一部分所收"原文",以王云五主编,南怀瑾、徐芹庭注译《周易今注今译》(贵州人民出版社,2020年版)"上经"、"下经"为底本,同时参考杨天才译注《周易》(中华书局,2016年版),不包括系辞、说卦、序卦、杂卦等部分。

上经

乾 ☰

乾,元、亨、利、贞。

初九,潜龙勿用。

九二,见龙在田,利见大人。

九三,君子终日乾乾,夕惕若,厉无咎。

九四,或跃在渊,无咎。

九五,飞龙在天,利见大人。

上九,亢龙有悔。

用九,见群龙无首,吉。

彖曰:大哉乾元!万物资始,乃统天。云行雨施,品物流形。大明终始,六位时成。时乘六龙以御天,乾道变化,各正性命,保合太和,乃利贞。首出庶物,万国咸宁。

象曰:天行健,君子以自强不息。

潜龙勿用,阳在下也;见龙在田,德施普也;终日乾乾,反复道也;或跃在渊,进无咎也;飞龙在天,大人造也;亢龙有悔,盈不可久也;用九,天德不可为首也。

文言曰:元者,善之长也;亨者,嘉之会也;利者,义之和也;

贞者，事之干也。君子体仁，足以长人；嘉会，足以合礼；利物，足以和义；贞固，足以干事。君子行此四德者，故曰：乾，元、亨、利、贞。

初九曰：潜龙勿用。何谓也？子曰：龙德而隐者也。不易乎世，不成乎名，遯世无闷，不见是而无闷。乐则行之，忧则违之，确乎其不可拔，潜龙也。

九二曰：见龙在田，利见大人。何谓也？子曰：龙德而正中者也。庸言之信，庸行之谨。闲邪存其诚，善世而不伐，德博而化。易曰：见龙在田，利见大人，君德也。

九三曰：君子终日乾乾，夕惕若，厉无咎。何谓也？子曰：君子进德修业。忠信，所以进德也。修辞立其诚，所以居业也。知至至之，可与言几也；知终终之，可与存义也。是故居上位而不骄，在下位而不忧。故乾乾因其时而惕，虽危无咎矣。

九四曰：或跃在渊，无咎。何谓也？子曰：上下无常，非为邪也；进退无恒，非离群也。君子进德修业，欲及时也，故无咎。

九五曰：飞龙在天，利见大人。何谓也？子曰：同声相应，同气相求；水流湿，火就燥；云从龙，风从虎；圣人作而万物睹。本乎天者亲上，本乎地者亲下，则各从其类也。

上九曰：亢龙有悔。何谓也？子曰：贵而无位，高而无民，贤人在下位而无辅，是以动而有悔也。

潜龙勿用，下也。见龙在田，时舍也。终日乾乾，行事也。或跃在渊，自试也。飞龙在天，上治也。亢龙有悔，穷之灾也。乾元用九，天下治也。

潜龙勿用，阳气潜藏。见龙在田，天下文明。终日乾乾，与时偕行。或跃在渊，乾道乃革。飞龙在天，乃位乎天德。亢龙有悔，与时偕极。乾元用九，乃见天则。

乾元者，始而亨者也；利贞者，性情也。乾始能以美利利天下，不言所利。大矣哉！大哉乾乎！刚健中正，纯粹精也。六爻，发挥，旁通情也。时乘六龙以御天也，云行雨施，天下平也。

君子以成德为行，日可见之行也。潜之为言也，隐而未见，行而未成，是以君子弗用也。

君子学以聚之，问以辨之，宽以居之，仁以行之。易曰：见龙在田，利见大人。君德也。

九三，重刚而不中，上不在天，下不在田，故乾乾因其时而惕，虽危无咎矣。

九四，重刚而不中，上不在天，下不在田，中不在人，故或之。或之者，疑之也，故无咎。

夫大人者，与天地合其德，与日月合其明，与四时合其序，与鬼神合其吉凶。先天而天弗违，后天而奉天时。天且弗违，而况于人乎？况于鬼神乎？

亢之为言也，知进而不知退，知存而不知亡，知得而不知丧。其唯圣人乎！知进退存亡，而不失其正者，其唯圣人乎！

坤 ䷁

坤，元、亨，利牝马之贞。君子有攸往，先迷后得，主利。西南得朋，东北丧朋。安贞，吉。

彖曰：至哉坤元，万物资生，乃顺承天。坤厚载物，德合无疆。含弘光大，品物咸亨。牝马地类，行地无疆，柔顺利贞。君子攸行，先迷失道，后顺得常。西南得朋，乃与类行。东北丧朋，乃终有庆。安贞之吉，应地无疆。

象曰：地势坤，君子以厚德载物。

初六，履霜，坚冰至。象曰：履霜坚冰，阴始凝也。驯致其道，至坚冰也。

六二，直、方、大，不习无不利。象曰：六二之动，直以方也，不习无不利，地道光也。

六三，含章可贞，或从王事，无成有终。象曰：含章可贞，以时发也，或从王事，知光大也。

六四，括囊，无咎无誉。象曰：括囊无咎，慎不害也。

六五，黄裳，元吉。象曰：黄裳元吉，文在中也。

上六，龙战于野，其血玄黄。象曰：龙战于野，其道穷也。

用六，利永贞。象曰：用六永贞，以大终也。

文言曰：坤至柔而动也刚，至静而德方。后得主而有常，含万物而化光。坤道其顺乎，承天而时行。

积善之家，必有余庆。积不善之家，必有余殃。臣弑其君，子弑其父，非一朝一夕之故。其所由来者渐矣，由辨之不早辨也。易曰："履霜，坚冰至。"盖言顺也。

直其正也，方其义也。君子敬以直内，义以方外。敬义立而德不孤。直、方、大，不习无不利，则不疑其所行也。

阴虽有美含之，以从王事，弗敢成也。地道也，妻道也，臣道也。地道无成而代有终也。

天地变化，草木蕃。天地闭，贤人隐。易曰："括囊，无咎无誉。"盖言谨也。

君子黄中通理，正位居体，美在其中。而畅于四支，发于事业，美之至也。

阴疑于阳必战。为其嫌于无阳也，故称龙焉。犹未离其类也，故称血焉。夫玄黄者，天地之杂也，天玄而地黄。

屯 ䷂

屯，元、亨、利、贞。勿用有攸往，利建侯。

彖曰：屯，刚柔始交而难生，动乎险中，大亨贞。雷雨之动满盈，天造草昧，宜建侯而不宁。

象曰：云雷，屯。君子以经纶。

初九，磐桓，利居贞，利建侯。象曰：虽盘桓，志行正也，以贵下贱，大得民也。

六二，屯如邅如，乘马班如，匪寇婚媾，女子贞不字，十年乃字。象曰：六二之难，乘刚也；十年乃字，反常也。

六三，即鹿无虞，惟入于林中。君子几，不如舍，往吝。象曰：即鹿无虞，以从禽也；君子舍之，往吝穷也。

六四，乘马班如，求婚媾；往吉，无不利。象曰：求而往，明也。

九五，屯其膏。小，贞吉；大，贞凶。象曰：屯其膏，施未光也。

上六，乘马班如，泣血涟如。象曰：泣血涟如，何可长也。

蒙 ䷃

蒙，亨。匪我求童蒙，童蒙求我。初筮告，再三渎，渎则不告。利贞。

彖曰：蒙，山下有险，险而止，蒙。蒙，亨，以亨行时中也。匪我求童蒙，童蒙求我，志应也。初筮告，以刚中也。再三渎，渎则不告，渎蒙也。蒙以养正，圣功也。

象曰：山下出泉，蒙。君子以果行育德。

初六，发蒙，利用刑人，用说桎梏；以往吝。象曰：利用刑人，以正法也。

九二，包蒙，吉；纳妇，吉；子克家。象曰：子克家，刚柔节也。

六三，勿用取女，见金夫，不有躬，无攸利。象曰：勿用取女，行不顺也。

六四，困蒙，吝。象曰：困蒙之吝，独远实也。

六五，童蒙，吉。象曰：童蒙之吉，顺以巽也。

上九，击蒙，不利为寇，利御寇。象曰：利用御寇，上下顺也。

需 ䷄

需，有孚，光亨，贞吉。利涉大川。

彖曰：需，须也。险在前也，刚健而不陷，其义不困穷矣。需，有孚，光亨，贞吉，位乎天位，以正中也。利涉大川，往有功也。

象曰：云上于天，需。君子以饮食宴乐。

初九，需于郊，利用恒，无咎。象曰：需于郊，不犯难行也。利用恒无咎，未失常也。

九二，需于沙，小有言，终吉。象曰：需于沙，衍在中也。虽小有言，以终吉也。

九三，需于泥，致寇至。象曰：需于泥，灾在外也。自我致寇，敬慎不败也。

六四，需于血，出自穴。象曰：需于血，顺以听也。

九五，需于酒食，贞吉。象曰：酒食贞吉，以中正也。

上六，入于穴，有不速之客三人来，敬之，终吉。象曰：不速之客来，敬之终吉。虽不当位，未大失也。

讼 ䷅

讼，有孚窒，惕中吉，终凶。利见大人，不利涉大川。

彖曰：讼，上刚下险，险而健，讼。讼，有孚窒，惕中吉，刚来而得中也。终凶，讼不可成也。利见大人，尚中正也。不利涉大川，入于渊也。

象曰：天与水违行，讼；君子以作事谋始。

初六，不永所事，小有言，终吉。象曰：不永所事，讼不可长也。虽小有言，其辩明也。

九二，不克讼，归而逋，其邑人三百户，无眚。象曰：不克讼，归逋窜也。自下讼上，患至掇也。

六三，食旧德，贞厉，终吉。或从王事，无成。象曰：食旧德，从上吉也。

九四，不克讼，复即命，渝，安贞，吉。象曰：复即命，渝，安贞，不失也。

九五，讼，元吉。象曰：讼，元吉，以中正也。

上九，或锡之鞶带，终朝三褫之。象曰：以讼受服，亦不足敬也。

师 ䷆

师，贞，丈人吉，无咎。

彖曰：师，众也。贞，正也。能以众正，可以王矣。刚中而应，行险而顺，以此毒天下，而民从之，吉又何咎矣。

象曰：地中有水，师；君子以容民畜众。

初六，师出以律，否臧，凶。象曰：师出以律，失律凶也。

九二，在师中，吉，无咎，王三锡命。象曰：在师中，吉，承天宠也。王三锡命，怀万邦也。

六三，师或舆尸，凶。象曰：师或舆尸，大无功也。

六四，师左次，无咎。象曰：左次无咎，未失常也。

六五，田有禽，利执言，无咎。长子帅师，弟子舆尸，贞凶。象曰：长子帅师，以中行也。弟子舆尸，使不当也。

上六，大君有命，开国承家，小人勿用。象曰：大君有命，以正功也。小人勿用，必乱邦也。

比 ䷇

比，吉。原筮，元永贞，无咎。不宁方来，后夫凶。

彖曰：比，吉也。比，辅也，下顺从也。原筮，元永贞，无咎，以刚中也。不宁方来，上下应也。后夫凶，其道穷也。

象曰：地上有水，比。先王以建万国，亲诸侯。

初六，有孚比之，无咎。有孚盈缶，终来有它，吉。象曰：比之初六，有它吉也。

六二，比之自内，贞吉。象曰：比之自内，不自失也。

六三，比之匪人。象曰：比之匪人，不亦伤乎！

六四，外比之，贞吉。象曰：外比于贤，以从上也。

九五，显比，王用三驱，失前禽，邑人不诫，吉。象曰：显比之吉，位正中也。舍逆取顺，失前禽也。邑人不诫，上使中也。

上六，比之无首，凶。象曰：比之无首，无所终也。

小畜 ䷈

小畜，亨，密云不雨，自我西郊。

彖曰：小畜，柔得位而上下应之，曰小畜。健而巽，刚中而志行，乃亨。密云不雨，尚往也。自我西郊，施未行也。

象曰：风行天上，小畜。君子以懿文德。

初九，复自道，何其咎？吉。象曰：复自道，其义吉也。

九二，牵复，吉。象曰：牵复在中，亦不自失也。

九三，舆说辐，夫妻反目。象曰：夫妻反目，不能正室也。

六四，有孚，血去惕出，无咎。象曰：有孚惕出，上合志也。

九五，有孚挛如，富以其邻。象曰：有孚挛如，不独富也。

上九，既雨既处，尚德载；妇贞厉，月几望；君子征凶。象曰：既雨既处，德积载也。君子征凶，有所疑也。

履 ☰

履，履虎尾，不咥人，亨。

彖曰：履，柔履刚也。说而应乎乾，是以履虎尾，不咥人，亨。刚正中，履帝位而不疚，光明也。

象曰：上天下泽，履。君子以辩上下，定民志。

初九，素履往，无咎。象曰：素履之往，独行愿也。

九二，履道坦坦，幽人贞吉。象曰：幽人贞吉，中不自乱也。

六三，眇能视，跛能履，履虎尾，咥人，凶。武人为于大君。象曰：眇能视，不足以有明也。跛能履，不足以与行也。咥人之凶，位不当也。武人为于大君，志刚也。

九四，履虎尾，愬愬，终吉。象曰：愬愬终吉，志行也。

九五，夬履，贞厉。象曰：夬履贞厉，位正当也。

上九，视履考祥，其旋元吉。象曰：元吉在上，大有庆也。

泰 ☷

泰，小往大来，吉，亨。

彖曰：泰，小往大来，吉，亨。则是天地交而万物通也，上下交而其志同也。内阳而外阴，内健而外顺，内君子而外小人。君子道长，小人道消也。

象曰：天地交，泰。后以财成天地之道，辅相天地之宜，以左右民。

初九，拔茅茹，以其汇，征吉。象曰：拔茅征吉，志在外也。

九二，包荒，用冯河，不遐遗，朋亡，得尚于中行。象曰：包荒，得尚于中行，以光大也。

九三，无平不陂，无往不复。艰贞，无咎。勿恤其孚，于食有福。象曰：无往不复，天地际也。

六四，翩翩不富以其邻，不戒以孚。象曰：翩翩不富，皆失实也。不戒以孚，中心愿也。

六五，帝乙归妹，以祉元吉。象曰：以祉元吉，中以行愿也。

上六，城复于隍，勿用师，自邑告命，贞吝。象曰：城复于隍，其命乱也。

否

否，否之匪人，不利君子，贞，大往小来。

彖曰：否之匪人，不利君子，贞，大往小来。则是天地不交而万物不通也，上下不交而天下无邦也。内阴而外阳，内柔而外刚，内小人而外君子。小人道长，君子道消也。

象曰：天地不交，否。君子以俭德辟难，不可荣以禄。

初六，拔茅茹以其汇，贞，吉，亨。象曰：拔茅贞吉，志在君也。

六二，包承。小人吉，大人否，亨。象曰：大人否，亨，不乱群也。

六三，包羞。象曰：包羞，位不当也。

九四，有命，无咎。畴离祉。象曰：有命，无咎，志行也。

九五，休否，大人吉。其亡其亡，系于苞桑。象曰：大人之吉，位正当也。

上九，倾否，先否后喜。象曰：否终则倾，何可长也。

同人 ䷌

同人，同人于野，亨，利涉大川，利君子贞。

彖曰：同人，柔得位得中而应乎乾，曰：同人。同人曰：同人于野，亨，利涉大川，乾行也。文明以健，中正而应，君子正也。唯君子为能通天下之志。

象曰：天与火，同人；君子以类族辨物。

初九，同人于门，无咎。象曰：出门同人，又谁咎也。

六二，同人于宗，吝。象曰：同人于宗，吝道也。

九三，伏戎于莽，升其高陵，三岁不兴。象曰：伏戎于莽，敌刚也，三岁不兴，安行也。

九四，乘其墉，弗克攻，吉。象曰：乘其墉，义弗克也。其吉，则困而反则也。

九五，同人，先号咷而后笑，大师克相遇。象曰：同人之先，以中直也。大师相遇，言相克也。

上九，同人于郊，无悔。象曰：同人于郊，志未得也。

大有 ䷍

大有，元、亨。

彖曰：大有，柔得尊位，大中，而上下应之，曰：大有。其德刚健而文明，应乎天而时行，是以元亨。

象曰：火在天上，大有。君子以遏恶扬善，顺天休命。

初九，无交害，匪咎，艰则无咎。象曰：大有初九，无交害也。

九二，大车以载，有攸往，无咎。象曰：大车以载，积中不败也。

九三，公用亨于天子，小人弗克。象曰：公用亨于天子，小人害也。

九四，匪其彭，无咎。象曰：匪其彭，无咎，明辩晰也。

六五，厥孚交如，威如，吉。象曰：厥孚交如，信以发志也。威如之吉，易而无备也。

上九，自天佑之，吉无不利。象曰：大有上吉，自天佑也。

谦 ䷎

谦，亨，君子有终。

彖曰：谦，亨。天道下济而光明，地道卑而上行。天道亏盈而益谦，地道变盈而流谦，鬼神害盈而福谦，人道恶盈而好谦。谦尊而光，卑而不可逾，君子之终也。

象曰：地中有山，谦。君子以裒多益寡，称物平施。

初六，谦谦君子，用涉大川，吉。象曰：谦谦君子，卑以自牧也。

六二，鸣谦，贞吉。象曰：鸣谦，贞吉，中心得也。

九三，劳谦，君子有终，吉。象曰：劳谦君子，万民服也。

六四，无不利，㧑谦。象曰：无不利，㧑谦，不违则也。

六五，不富，以其邻，利用侵伐，无不利。象曰：利用侵伐，征不服也。

上六，鸣谦，利用行师，征邑国。象曰：鸣谦，志未得也。可用行师，征邑国也。

豫 ䷏

豫，利建侯行师。

彖曰：豫，刚应而志行，顺以动，豫。豫顺以动，故天地如之，而况建侯行师乎！天地以顺动，故日月不过而四时不忒。圣人以顺动，则刑罚清而民服。豫之时义大矣哉！

象曰：雷出地奋，豫。先王以作乐崇德，殷荐之上帝，以配祖考。

初六，鸣豫，凶。象曰：初六鸣豫，志穷，凶也。

六二，介于石，不终日，贞吉。象曰：不终日，贞吉，以中正也。

六三，盱豫悔，迟有悔。象曰：盱豫有悔，位不当也。

九四，由豫，大有得。勿疑，朋盍簪。象曰：由豫，大有得，志大行也。

六五，贞，疾，恒不死。象曰：六五贞，疾，乘刚也。恒不死，中未亡也。

上六，冥豫，成有渝，无咎。象曰：冥豫在上，何可长也？

随

随，元、亨、利、贞，无咎。

彖曰：随，刚来而下柔，动而说。随，大亨，贞无咎，而天下随时。随时之义大矣哉。

象曰：泽中有雷，随；君子以向晦入宴息。

初九，官有渝，贞吉。出门交有功。象曰：官有渝，从正吉也。出门交有功，不失也。

六二，系小子，失丈夫。象曰：系小子，弗兼与也。

六三，系丈夫，失小子，随有求得，利居贞。象曰：系丈夫，志舍下也。

九四，随有获，贞凶。有孚在道，以明，何咎。象曰：随有获，其义凶也。有孚在道，明功也。

九五，孚于嘉，吉。象曰：孚于嘉，吉，位正中也。

上六，拘系之，乃从维之。王用亨于西山。象曰：拘系之，上穷也。

蛊

蛊，元、亨，利涉大川。先甲三日，后甲三日。

彖曰：蛊，刚上而柔下，巽而止蛊。蛊，元亨而天下治也。利涉大川，往有事也。先甲三日，后甲三日，终则有始，天行也。

象曰：山下有风，蛊。君子以振民育德。

初六，干父之蛊，有子考，无咎，历终吉。象曰：干父之蛊，意承考也。

九二，干母之蛊，不可贞。象曰：干母之蛊，得中道也。

九三，干父之蛊，小有悔，无大咎。象曰：干父之蛊，终无咎也。

六四，裕父之蛊，往见吝。象曰：裕父之蛊，往未得也。

六五，干父之蛊，用誉。象曰：干父用誉，承以德也。

上九，不事王侯，高尚其事。象曰：不事王侯，志可则也。

临 ䷒

临，元、亨、利、贞，至于八月有凶。

彖曰：临，刚浸而长，说而顺，刚中而应。大亨以正，天之道也。至于八月有凶，消不久也。

象曰：泽上有地，临。君子以教思无穷，容保民无疆。

初九，咸临，贞吉。象曰：咸临贞吉，志行正也。

九二，咸临，吉，无不利。象曰：咸临，吉，无不利，未顺命也。

六三，甘临，无攸利。既忧之，无咎。象曰：甘临，位不当也。既忧之，咎不长也。

六四，至临，无咎。象曰：至临，无咎，位当也。

六五，知临，大君之宜，吉。象曰：大君之宜，行中之谓也。

上六，敦临，吉，无咎。象曰：敦临之吉，志在内也。

观 ䷓

观，盥而不荐，有孚颙若。

彖曰：大观在上，顺而巽，中正以观天下。观，盥而不荐，有孚颙若，下观而化也。观天之神道而四时不忒，圣人以神道设教，而天下服矣。

象曰：风行地上，观。先王以省方观民设教。

初六，童观，小人无咎，君子吝。象曰：初六童观，小人道也。

六二，窥观，利女贞。象曰：窥观女贞，亦可丑也。

六三，观我生，进退。象曰：观我生进退，未失道也。

六四，观国之光，利用宾于王。象曰：观国之光，尚宾也。

九五，观我生，君子无咎。象曰：观我生，观民也。

上九，观其生，君子无咎。象曰：观其生，志未平也。

噬嗑 ䷔

噬嗑，亨，利用狱。

彖曰：颐中有物曰噬嗑，噬嗑而亨。刚柔分，动而明，雷电合而章。柔得中而上行，虽不当位，利用狱也。

象曰：雷电噬嗑，先王以明罚敕法。

初九，屦校灭趾，无咎。象曰：屦校灭趾，不行也。

六二，噬肤灭鼻，无咎。象曰：噬肤灭鼻，乘刚也。

六三，噬腊肉，遇毒，小吝，无咎。象曰：遇毒，位不当也。

九四，噬干胏，得金矢，利艰贞，吉。象曰：利艰贞吉，未光也。

六五，噬干肉，得黄金，贞厉，无咎。象曰：贞厉无咎，得当也。

上九，何校灭耳，凶。象曰：何校灭耳，聪不明也。

贲 ䷕

贲，亨，小利，有攸往。

彖曰：贲，亨，柔来而文刚，故亨。分刚上而文柔，故小利有攸往。刚柔交错，天文也；文明以止，人文也。观乎天文，以察时变；观乎人文，以化成天下。

象曰：山下有火，贲。君子以明庶政，无敢折狱。

初九，贲其趾，舍车而徒。象曰：舍车而徒，义弗乘也。

六二，贲其须。象曰：贲其须，与上兴也。

九三，贲如濡如，永贞吉。象曰：永贞之吉，终莫之陵也。

六四，贲如皤如，白马翰如，匪寇，婚媾。象曰：六四，当位疑也，匪寇婚媾，终无尤也。

六五，贲于丘园，束帛戋戋。吝，终吉。象曰：六五之吉，有喜也。

上九，白贲，无咎。象曰：白贲无咎，上得志也。

剥 ䷖

剥，不利有攸往。

彖曰：剥，剥也，柔变刚也。不利有攸往，小人长也。顺而止之，观象也。君子尚消息盈虚，天行也。

象曰：山附于地，剥，上以厚下安宅。

初六，剥床以足，蔑，贞凶。象曰：剥床以足，以灭下也。

六二，剥床以辨，蔑，贞凶。象曰：剥床以辨，未有与也。

六三，剥之，无咎。象曰：剥之无咎，失上下也。

六四，剥床以肤，凶。象曰：剥床以肤，切近灾也。

六五，贯鱼以宫人宠，无不利。象曰：以宫人宠，终无尤也。

上九，硕果不食，君子得舆，小人剥庐。象曰：君子得舆，民所载也。小人剥庐，终不可用也。

复 ䷗

复，亨。出入无疾，朋来无咎。反复其道，七日来复。利有攸往。

彖曰：复，亨，刚反，动而以顺行，是以出入无疾，朋来无咎。反复其道，七日来复，天行也。利有攸往，刚长也。复，其见天地之心乎。

象曰：雷在地中，复，先王以至日，闭关，商旅不行。后不省方。

初九，不远复，无祗悔，元吉。象曰：不远之复，以修身也。

六二，休复，吉。象曰：休复之吉，以下仁也。

六三，频复，厉，无咎。象曰：频复之厉，义无咎也。

六四，中行独复。象曰：中行独复，以从道也。

六五，敦复，无悔。象曰：敦复无悔，中以自考也。

上六，迷复，凶，有灾眚，用行师，终有大败，以其国君，凶。

至于十年不克征。象曰：迷复之凶，反君道也。

无妄 ䷘

无妄，元、亨、利、贞，其匪正有眚，不利有攸往。

彖曰：无妄，刚自外来而为主于内，动而健，刚中而应。大亨以正，天之命也。其匪正有眚，不利有攸往，无妄之往，何之矣？天命不佑，行矣哉？

象曰：天下雷行，物与无妄，先王以茂对时，育万物。

初九，无妄，往吉。象曰：无妄之往，得志也。

六二，不耕获，不菑畲，则利有攸往。象曰：不耕获，未富也。

六三，无妄之灾，或系之牛，行人之得，邑人之灾。象曰：行人得牛，邑人灾也。

九四，可贞无咎。象曰：可贞无咎，固有之也。

九五，无妄之疾，勿药有喜。象曰：无妄之药，不可试也。

上九，无妄，行有眚，无攸利。象曰：无妄之行，穷之灾也。

大畜 ䷙

大畜，利贞，不家食吉，利涉大川。

彖曰：大畜，刚健笃实，辉光日新其德。刚上而尚贤，能止健，大正也。不家食吉，养贤也。利涉大川，应乎天也。

象曰：天在山中，大畜。君子以多识前言往行，以畜其德。

初九，有厉，利已。象曰：有厉利已，不犯灾也。

九二，舆说辐。象曰：舆说辐，中无尤也。

九三，良马逐，利艰贞，日闲舆卫，利有攸往。象曰：利有攸往，上合志也。

六四，童牛之牿，元吉。象曰：六四元吉，有喜也。

六五，豮豕之牙，吉。象曰：六五之吉，有庆也。

上九，何天之衢，亨。象曰：何天之衢，道大行也。

颐 ䷚

颐，贞吉。观颐，自求口实。

彖曰：颐，贞吉，养正则吉也；观颐，观其所养也；自求口实，观其自养也。天地养万物，圣人养贤以及万民，颐之时大矣哉。

象曰：山下有雷，颐；君子以慎言语，节饮食。

初九，舍尔灵龟，观我朵颐，凶。象曰：观我朵颐，亦不足贵也。

六二，颠颐，拂经于丘颐，征凶。象曰：六二征凶，行失类也。

六三，拂颐，贞凶，十年勿用，无攸利。象曰：十年勿用，道大悖也。

六四，颠颐，吉，虎视眈眈，其欲逐逐，无咎。象曰：颠颐之吉，上施光也。

六五，拂经，居贞吉，不可涉大川。象曰：居贞之吉，顺以从上也。

上九，由颐，厉吉，利涉大川。象曰：由颐厉吉，大有庆也。

大过 ䷛

大过，栋桡，利有攸往，亨。

彖曰：大过，大者过也。栋桡，本末弱也。刚过而中，巽而说行，利有攸往，乃亨。大过之时，大矣哉。

象曰：泽灭木，大过。君子以独立不惧，遯世无闷。

初六，藉用白茅，无咎。象曰：藉用白茅，柔在下也。

九二，枯杨生稊，老夫得其女妻，无不利。象曰：老夫女妻，过以相与也。

九三，栋桡，凶。象曰：栋桡之凶，不可以有辅也。

九四，栋隆，吉，有它，吝。象曰：栋隆之吉，不桡乎下也。

九五，枯杨生华，老妇得其士夫，无咎无誉。象曰：枯杨生华，何可久也？老妇士夫，亦可丑也。

上六，过涉灭顶，凶，无咎。象曰：过涉之凶，不可咎也。

坎 ䷜

习坎，有孚，维心亨，行有尚。

彖曰：习坎，重险也，水流而不盈，行险而不失其信，维心亨，乃以刚中也；行有尚，往有功也。天险，不可升也；地险，山川丘陵也。王公设险以守其国，险之时用大矣哉。

象曰：水洊至，习坎，君子以常德行，习教事。

初六，习坎，入于坎窞，凶。象曰：习坎入坎，失道凶也。

九二，坎有险，求小得。象曰：求小得，未出中也。

六三，来之坎坎，险且枕，入于坎窞，勿用。象曰：来之坎坎，终无功也。

六四，樽酒簋贰用缶，纳约自牖，终无咎。象曰：樽酒簋贰，刚柔际也。

九五，坎不盈，只既平，无咎。象曰：坎不盈，中未大也。

上六，系用徽纆，寘于丛棘，三岁不得，凶。象曰：上六失道，凶三岁也。

离

离，利贞亨，畜牝牛，吉。

彖曰：离，丽也，日月丽乎天，百谷草木丽乎土，重明以丽乎正，乃化成天下，柔丽乎中正，故亨，是以畜牝牛吉也。

象曰：明两作离，大人以继明照于四方。

初九，履错然，敬之，无咎。象曰：履错之敬，以避咎也。

六二，黄离，元吉。象曰：黄离元吉，得中道也。

九三，日昃之离，不鼓缶而歌，则大耋之嗟，凶。象曰：日昃之离，何可久也。

九四，突如其来如，焚如，死如，弃如。象曰：突如其来如，无所容也。

六五，出涕沱若，戚嗟若，吉。象曰：六五之吉，离王公也。

上九，王用出征，有嘉折首，获匪其丑，无咎。象曰：王用出征，以正邦也。

下经

咸 ☷

咸，亨利贞，取女吉。

彖曰：咸，感也，柔上而刚下，二气感应以相与，止而说，男下女，是以亨利贞，取女吉也。天地感而万物化生，圣人感人心而天下和平，观其所感而天地万物之情可见矣。

象曰：山上有泽，咸。君子以虚受人。

初六，咸其拇。象曰：咸其拇，志在外也。

六二，咸其腓，凶，居吉。象曰：虽凶居吉，顺不害也。

九三，咸其股，执其随，往吝。象曰：咸其股，亦不处也，志在随人，所执下也。

九四，贞吉，悔亡，憧憧往来，朋从尔思。象曰：贞吉悔亡，未感害也；憧憧往来，未光大也。

九五，咸其脢，无悔。象曰：咸其脢，志末也。

上六，咸其辅颊舌。象曰：咸其辅颊舌，滕口说也。

恒 ☷

恒，亨，无咎，利贞，利有攸往。

彖曰：恒，久也。刚上而柔下，雷风相与，巽而动，刚柔皆应，恒。恒，亨，无咎，利贞，久于其道也。天地之道，恒久而不已也。利有攸往，终则有始也。日月得天而能久照，四时变化而能久成，圣人久于其道而天下化成。观其所恒，而天地万物之情可见矣。

象曰：雷风，恒。君子以立不易方。

初六，浚恒，贞凶，无攸利。象曰：浚恒之凶，始求深也。

九二，悔亡。象曰：九二悔亡，能久中也。

九三，不恒其德，或承之羞，贞吝。象曰：不恒其德，无所容也。

九四，田无禽。象曰：久非其位，安得禽也？

六五，恒其德，贞，妇人吉，夫子凶。象曰：妇人贞吉，从一而终也。夫子制义，从妇凶也。

上六，震恒凶。象曰：震恒在上，大无功也。

遁

遁，亨，小利贞。

彖曰：遁，亨，遁而亨也。刚，当位而应，与时行也。小利贞，浸而长也。遁之时义大矣哉。

象曰：天下有山，遁，君子以远小人，不恶而严。

初六，遁尾厉，勿用有攸往。象曰：遁尾之厉，不往何灾也。

六二，执之用黄牛之革，莫之胜说。象曰：执用黄牛，固志也。

九三，系遁有疾厉，畜臣妾吉。象曰：系遁之厉，有疾惫也。畜臣妾吉，不可大事也。

九四，好遁，君子吉，小人否。象曰：君子好遁，小人否也。

九五，嘉遁，贞吉。象曰：嘉遁贞吉，以正志也。

上九，肥遁，无不利。象曰：肥遁无不利，无所疑也。

大壮 ䷡

大壮，利贞。

彖曰：大壮，大者壮也。刚以动，故壮。大壮利贞，大者正也，正大而天地之情可见矣。

象曰：雷在天上，大壮，君子以非礼弗履。

初九，壮于趾，征凶，有孚。象曰：壮于趾，其孚穷也。

九二，贞吉。象曰：九二贞吉，以中也。

九三，小人用壮，君子用罔，贞厉，羝羊触藩，羸其角。象曰：小人用壮，君子罔也。

九四，贞吉悔亡，藩决不羸，壮于大舆之輹。象曰：藩决不羸，尚往也。

六五，丧羊于易，无悔。象曰：丧羊于易，位不当也。

上六，羝羊触藩，不能退，不能遂，无攸利，艰则吉。象曰：不能退，不能遂，不详也。艰则吉，咎不长也。

晋 ䷢

晋，康侯用锡马蕃庶，昼日三接。

彖曰：晋，进也。明出地上，顺而丽乎大明，柔进而上行，是以康侯用锡马蕃庶，昼日三接也。

象曰：明出地上，晋，君子以自昭明德。

初六，晋如摧如，贞吉。罔孚，裕无咎。象曰：晋如摧如，独行正也。裕无咎，未受命也。

六二，晋如愁如，贞吉，受兹介福，于其王母。象曰：受兹介福，以中正也。

六三，众允，悔亡。象曰：众允之志，上行也。

九四，晋如鼫鼠，贞厉。象曰：鼫鼠贞厉，位不当也。

六五，悔亡，失得勿恤，往吉，无不利。象曰：失得勿恤，往有庆也。

上九，晋其角，惟用伐邑，厉吉，无咎，贞吝。象曰：惟用伐邑，道未光也。

明夷

明夷，利艰贞。

彖曰：明入地中，明夷。内文明而外柔顺以蒙大难，文王以之。利艰贞，晦其明也，内难而能正其志，箕子以之。

象曰：明入地中，明夷。君子以莅众，用晦而明。

初九，明夷于飞，垂其翼，君子于行，三日不食，有攸往，主人有言。象曰：君子于行，义不食也。

六二，明夷，夷于左股，用拯马壮，吉。象曰：六二之吉，顺以则也。

九三，明夷于南狩，得其大首，不可疾贞。象曰：南狩之志，乃大得也。

六四，入于左腹，获明夷之心，于出门庭。象曰：入于左腹，获心意也。

六五，箕子之明夷，利贞。象曰：箕子之贞，明不可息也。

上六，不明晦，初登于天，后入于地。象曰：初登于天，照四国也。后入于地，失则也。

家人 ䷤

家人，利女贞。

彖曰：家人，女正位乎内，男正位乎外，男女正，天地之大义也。家人有严君焉，父母之谓也，父父子子，兄兄弟弟，夫夫妇妇，而家道正，正家而天下定矣。

象曰：风自火出，家人，君子以言有物，而行有恒。

初九，闲有家，悔亡。象曰：闲有家，志未变也。

六二，无攸遂，在中馈，贞吉。象曰：六二之吉，顺以巽也。

九三，家人嗃嗃，悔厉吉，妇子嘻嘻，终吝。象曰：家人嗃嗃，未失也。妇子嘻嘻，失家节也。

六四，富家大吉。象曰：富家大吉，顺在位也。

九五，王假有家，勿恤吉。象曰：王假有家，交相爱也。

上九，有孚威如，终吉。象曰：威如之吉，反身之谓也。

睽 ䷥

睽，小事吉。

彖曰：睽，火动而上，泽动而下。二女同居，其志不同行。说而丽乎明，柔进而上行，得中而应乎刚，是以小事吉。天地睽而其事同也，男女睽而其志通也，万物睽而其事类也。睽之时用大矣哉。

象曰：上火下泽，睽。君子以同而异。

初九，悔亡，丧马，勿逐自复。见恶人，无咎。象曰：见恶人，以避咎也。

九二，遇主于巷，无咎。象曰：遇主于巷，未失道也。

六三，见舆曳，其牛掣，其人天且劓，无初有终。象曰：见舆曳，位不当也。无初有终，遇刚也。

九四，睽孤，遇元夫，交孚，厉无咎。象曰：交孚无咎，志行也。

六五，悔亡，厥宗噬肤，往何咎。象曰：厥宗噬肤，往有庆也。

上九，睽孤，见豕负涂，载鬼一车，先张之弧，后说之弧。匪寇，婚媾，往遇雨则吉。象曰：遇雨之吉，群疑亡也。

蹇

蹇，利西南，不利东北，利见大人，贞吉。

彖曰：蹇，难也。险在前也，见险而能止，知矣哉。蹇，利西南，往得中也。不利东北，其道穷也。利见大人，往有功也。当位贞吉，以正邦也。蹇之时用大矣哉。

象曰：山上有水，蹇，君子以反身修德。

初六，往蹇，来誉。象曰：往蹇来誉，宜待也。

六二，王臣蹇蹇，匪躬之故。象曰：王臣蹇蹇，终无尤也。

九三，往蹇，来反。象曰：往蹇来反，内喜之也。

六四，往蹇，来连。象曰：往蹇来连，当位实也。

九五，大蹇，朋来。象曰：大蹇朋来，以中节也。

上六，往蹇来硕，吉，利见大人。象曰：往蹇来硕，志在内也。利见大人，以从贵也。

解 ䷧

解，利西南，无所往，其来复吉，有攸往，夙吉。

彖曰：解，险以动，动而免乎险，解。解，利西南，往得众也。其来复吉，乃得中也。有攸往，夙吉，往有功也。天地解而雷雨作，雷雨作而百果草木皆甲坼。解之时大矣哉。

象曰：雷雨作，解。君子以赦过宥罪。

初六，无咎。象曰：刚柔之际，义无咎也。

九二，田获三狐，得黄矢，贞吉。象曰：九二贞吉，得中道也。

六三，负且乘，致寇至，贞吝。象曰：负且乘，亦可丑也。自我致戎，又谁咎也？

九四，解而拇，朋至斯孚。象曰：解而拇，未当位也。

六五，君子维有解，吉，有孚于小人。象曰：君子有解，小人退也。

上六，公用射隼于高墉之上，获之，无不利。象曰：公用射隼，以解悖也。

损 ䷨

损，有孚，元吉，无咎，可贞，利有攸往。曷之用？二簋可用享。

彖曰：损，损下益上，其道上行。损而有孚，元吉，无咎，可贞，利有攸往。曷之用？二簋可用享。二簋应有时，损刚益柔有时：损益盈虚，与时偕行。

象曰：山下有泽，损。君子以惩忿窒欲。

初九，已事遄往，无咎，酌损之。象曰：已事遄往，上合志也。

九二，利贞，征凶，弗损益之。象曰：九二利贞，中以为志也。

六三，三人行，则损一人；一人行，则得其友。象曰：一人行，三则疑也。

六四，损其疾，使遄有喜，无咎。象曰：损其疾，亦可喜也。

六五，或益之十朋之龟，弗克违，元吉。象曰：六五元吉，自上佑也。

上九，弗损益之，无咎，贞吉，利有攸往，得臣无家。象曰：弗损益之，大得志也。

益

益，利有攸往，利涉大川。

彖曰：益，损上益下，民说无疆。自上下下，其道大光。利有攸往，中正有庆。利涉大川，木道乃行。益动而巽，日进无疆。天施地生，其益无方。凡益之道，与时偕行。

象曰：风雷，益。君子以见善则迁，有过则改。

初九，利用为大作，元吉，无咎。象曰：元吉无咎，下不厚事也。

六二，或益之十朋之龟，弗克违，永贞吉。王用享于帝，吉。象曰：或益之，自外来也。

六三，益之用凶事，无咎。有孚中行，告公用圭。象曰：益用凶事，固有之也。

六四，中行，告公从，利用为依迁国。象曰：告公从，以益志也。

九五，有孚惠心，勿问元吉，有孚惠我德。象曰：有孚惠心，勿问之矣，惠我德，大得志也。

上九，莫益之，或击之，立心勿恒，凶。象曰：莫益之，偏辞也。或击之，自外来也。

夬

夬，扬于王庭，孚号有厉，告自邑，不利即戎，利有攸往。

彖曰：夬，决也，刚决柔也。健而说，决而和。扬于王庭，柔乘五刚也。孚号有厉，其危乃光也。告自邑，不利即戎，所尚乃穷也。利有攸往，刚长乃终也。

象曰：泽上于天，夬。君子以施禄及下，居德则忌。

初九，壮于前趾，往不胜为咎。象曰：不胜而往，咎也。

九二，惕号，莫夜有戎，勿恤。象曰：有戎勿恤，得中道也。

九三，壮于頄，有凶，君子夬夬独行，遇雨若濡，有愠，无咎。象曰：君子夬夬，终无咎也。

九四，臀无肤，其行次且，牵羊悔亡，闻言不信。象曰：其行次且，位不当也。闻言不信，聪不明也。

九五，苋陆夬夬，中行无咎。象曰：中行无咎，中未光也。

上六，无号，终有凶。象曰：无号之凶，终不可长也。

姤 ䷬

姤，女壮，勿用取女。

彖曰：姤，遇也，柔遇刚也。勿用取女，不可与长也。天地相遇，品物咸章也，刚遇中正，天下大行也。姤之时义大矣哉！

象曰：天下有风，姤，后以施命诰四方。

初六，系于金柅，贞吉，有攸往，见凶，羸豕孚蹢躅。象曰：系于金柅，柔道牵也。

九二，包有鱼，无咎，不利宾。象曰：包有鱼，义不及宾也。

九三，臀无肤，其行次且，厉，无大咎。象曰：其行次且，行未牵也。

九四，包无鱼，起凶。象曰：无鱼之凶，远民也。

九五，以杞包瓜，含章，有陨自天。象曰：九五含章，中正也。有陨自天，志不舍命也。

上九，姤其角，吝，无咎。象曰：姤其角，上穷吝也。

萃 ䷬

萃，亨，王假有庙，利见大人，亨，利贞，用大牲吉，利有攸往。

彖曰：萃，聚也；顺以说，刚中而应，故聚也。王假有庙，致孝享也。利见大人，亨，聚以正也。利贞。用大牲吉，利有攸往，顺天命也。观其所聚，而天地万物之情可见矣。

象曰：泽上于地，萃，君子以除戎器，戒不虞。

初六，有孚不终，乃乱乃萃，若号，一握为笑，勿恤，往无咎。象曰：乃乱乃萃，其志乱也。

六二，引吉，无咎，孚乃利用禴。象曰：引吉无咎，中未变也。

六三，萃如嗟如，无攸利，往无咎，小吝。象曰：往无咎，上巽也。

九四，大吉，无咎。象曰：大吉无咎，位不当也。

九五，萃有位，无咎，匪孚，元永贞，悔亡。象曰：萃有位，志未光也。

上六，赍咨涕洟，无咎。象曰：赍咨涕洟，未安上也。

升 ䷭

升，元亨，用见大人，勿恤，南征吉。

彖曰：柔以时升，巽而顺，刚中而应，是以大亨。用见大人，勿恤，有庆也。南征吉，志行也。

象曰：地中生木，升，君子以顺德，积小以高大。

初六，允升，大吉。象曰：允升大吉，上合志也。

九二，孚乃利用禴，无咎。象曰：九二之孚，有喜也。

九三，升虚邑。象曰：升虚邑，无所疑也。

六四，王用享于岐山，吉，无咎。象曰：王用享于岐山，顺事也。

六五，贞吉，升阶。象曰：贞吉升阶，大得志也。

上六，冥升，利于不息之贞。象曰：冥升在上，消不富也。

困 ䷮

困，亨，贞，大人吉，无咎，有言不信。

彖曰：困，刚掩也，险以说，困而不失其所亨，其唯君子乎！贞，大人吉，以刚中也。有言不信，尚口乃穷也。

象曰：泽无水，困，君子以致命遂志。

初六，臀困于株木，入于幽谷，三岁不觌。象曰：入于幽谷，幽不明也。

九二，困于酒食，朱绂方来，利用亨祀，征凶，无咎。象曰：困于酒食，中有庆也。

六三，困于石，据于蒺藜，入于其宫，不见其妻，凶。象曰：据于蒺藜，乘刚也。入于其宫，不见其妻，不祥也。

九四，来徐徐，困于金车，吝，有终。象曰：来徐徐，志在下也。虽不当位，有与也。

九五，劓刖，困于赤绂，乃徐有说，利用祭祀。象曰：劓刖，志未得也。乃徐有说，以中直也。利用祭祀，受福也。

上六，困于葛藟，于臲卼，曰动悔有悔，征吉。象曰：困于葛藟，未当也。动悔有悔，吉行也。

井 ䷯

井，改邑不改井，无丧无得，往来井井。汔至，亦未繘井，羸其瓶，凶。

彖曰：巽乎水而上水，井。井养而不穷也，改邑不改井，乃以刚中也。汔至，亦未繘井，未有功也。羸其瓶，是以凶也。

象曰：木上有水，井，君子以劳民劝相。

初六，井泥不食，旧井无禽。象曰：井泥不食，下也。旧井无禽，时舍也。

九二，井谷射鲋，瓮敝漏。象曰：井谷射鲋，无与也。

九三，井渫不食，为我心恻，可用汲，王明并受其福。象曰：井渫不食，行恻也。求王明，受福也。

六四，井甃，无咎。象曰：井甃无咎，修井也。

九五，井冽，寒泉食。象曰：寒泉之食，中正也。

上六，井收勿幕，有孚元吉。象曰：元吉在上，大成也。

革

革，己日乃孚，元、亨、利、贞，悔亡。

彖曰：革，水火相息，二女同居，其志不相得，曰革。己日乃孚，革而信之。文明以说，大亨以正，革而当，其悔乃亡。天地革而四时成，汤武革命，顺乎天而应乎人，革之时大矣哉。

象曰：泽中有火，革，君子以治历明时。

初九，巩用黄牛之革。象曰：巩用黄牛，不可以有为也。

六二，己日乃革之，征吉，无咎。象曰：己日革之，行有嘉也。

九三，征凶，贞厉，革言三就，有孚。象曰：革言三就，又何之矣。

九四，悔亡，有孚改命，吉。象曰：改命之吉，信志也。

九五，大人虎变，未占有孚。象曰：大人虎变，其文炳也。

上六，君子豹变，小人革面，征凶，居贞吉。象曰：君子豹变，其文蔚也。小人革面，顺以从君也。

鼎 ䷱

鼎，元吉，亨。

彖曰：鼎，象也，以木巽火，亨饪也。圣人亨以享上帝，而大亨以养圣贤，巽而耳目聪明，柔进而上行，得中而应乎刚，是以元亨。

象曰：木上有火，鼎，君子以正位凝命。

初六，鼎颠趾；利出否，得妾以其子，无咎。象曰：鼎颠趾，未悖也。利出否，以从贵也。

九二，鼎有实，我仇有疾，不我能即，吉。象曰：鼎有实，慎所之也。我仇有疾，终无尤也。

九三，鼎耳革，其行塞。雉膏不食，方雨亏悔，终吉。象曰：鼎耳革，失其义也。

九四，鼎折足，覆公𫗧，其形渥，凶。象曰：覆公𫗧，信如何也？

六五，鼎黄耳金铉，利贞。象曰：鼎黄耳，中以为实也。

上九，鼎玉铉，大吉，无不利。象曰：玉铉在上，刚柔节也。

震 ䷲

震，亨，震来虩虩，笑言哑哑，震惊百里，不丧匕鬯。

彖曰：震，亨，震来虩虩，恐致福也。笑言哑哑，后有则也。震惊百里，惊远而惧迩也。不丧匕鬯，以为祭主也。

象曰：洊雷，震，君子以恐惧修省。

初九，震来虩虩，后笑言哑哑，吉。象曰：震来虩虩，恐致福也。

笑言哑哑，后有则也。

六二，震来厉，亿丧贝，跻于九陵，勿逐，七日得。象曰：震来厉，乘刚也。

六三，震苏苏，震行无眚。象曰：震苏苏，位不当也。

九四，震遂泥。象曰：震遂泥，未光也。

六五，震往来厉，亿无丧，有事。象曰：震往来厉，危行也。其事在中，大无丧也。

上六，震索索，视矍矍，征凶。震不于其躬，于其邻，无咎，婚媾有言。象曰：震索索，中未得也。虽凶无咎，畏邻戒也。

艮䷳

艮，艮其背，不获其身，行其庭，不见其人，无咎。

彖曰：艮，止也。时止则止，时行则行，动静不失其时，其道光明。艮其止，止其所也，上下敌应，不相与也，是以不获其身，行其庭，不见其人，无咎也。

象曰：兼山，艮，君子以思不出其位。

初六，艮其趾，无咎，利永贞。象曰：艮其趾，未失正也。

六二，艮其腓，不拯其随，其心不快。象曰：不拯其随，未退听也。

九三，艮其限，列其夤，厉熏心。象曰：艮其限，危熏心也。

六四，艮其身，无咎。象曰：艮其身，止诸躬也。

六五，艮其辅，言有序，悔亡。象曰：艮其辅，以中正也。

上九，敦艮，吉。象曰：敦艮之吉，以厚终也。

渐 ䷴

渐，女归吉，利贞。

彖曰：渐之进也，女归吉也；进得位，往有功也；进以正，可以正邦也；其位刚得中也；止而巽，动不穷也。

象曰：山上有木，渐，君子以居贤德善俗。

初六，鸿渐于干，小子厉，有言，无咎。象曰：小子之厉，义无咎也。

六二，鸿渐于磐，饮食衎衎，吉。象曰：饮食衎衎，不素饱也。

九三，鸿渐于陆，夫征不复，妇孕不育，凶，利御寇。象曰：夫征不复，离群丑也。妇孕不育，失其道也，利用御寇，顺相保也。

六四，鸿渐于木，或得其桷，无咎。象曰：或得其桷，顺以巽也。

九五，鸿渐于陵，妇三岁不孕，终莫之胜，吉。象曰：终莫之胜吉，得所愿也。

上九，鸿渐于陆，其羽可用为仪，吉。象曰：其羽可用为仪，吉，不可乱也。

归妹 ䷵

归妹，征凶，无攸利。

彖曰：归妹，天地之大义也。天地不交而万物不兴。归妹，人之终始也。说以动，所归妹也。征凶，位不当也。无攸利，柔乘刚也。

象曰：泽上有雷，归妹，君子以永终知敝。

初九，归妹以娣，跛能履，征吉。象曰：归妹以娣，以恒也。跛能履吉，相承也。

九二，眇能视，利幽人之贞。象曰：利幽人之贞，未变常也。

六三，归妹以须，反归以娣。象曰：归妹以须，未当也。

九四，归妹愆期，迟归有时。象曰：愆期之志，有待而行也。

六五，帝乙归妹，其君之袂，不如其娣之袂良，月几望，吉。象曰：帝乙归妹，不如其娣之袂良也。其位在中，以贵行也。

上六，女承筐，无实，士刲羊，无血，无攸利。象曰：上六无实，承虚筐也。

丰 ䷶

丰，亨，王假之，勿忧，宜日中。

彖曰：丰，大也，明以动，故丰。王假之，尚大也；勿忧宜日中，宜照天下也。日中则昃，月盈则食，天地盈虚，与时消息，而况于人乎？况于鬼神乎？

象曰：雷电皆至，丰，君子以折狱致刑。

初九，遇其配主，虽旬无咎。往有尚。象曰：虽旬无咎，过旬灾也。

六二，丰其蔀，日中见斗，往得疑疾，有孚发若，吉。象曰：有孚发若，信以发志也。

九三，丰其沛，日中见沬，折其右肱，无咎。象曰：丰其沛，不可大事也。折其右肱，终不可用也。

九四，丰其蔀，日中见斗，遇其夷主，吉。象曰：丰其蔀，位不当也。日中见斗，幽不明也。遇其夷主，吉行也。

六五，来章，有庆誉，吉。象曰：六五之吉，有庆也。

上六，丰其屋，蔀其家，窥其户，阒其无人，三岁不觌，凶。象曰：丰其屋，天际翔也，窥其户，阒其无人，自藏也。

旅 ☶

旅，小亨，旅贞吉。

彖曰：旅，小亨，柔得中乎外，而顺乎刚，止而丽乎明，是以小亨，旅贞吉也。旅之时义大矣哉！

象曰：山上有火，旅，君子以明慎用刑，而不留狱。

初六，旅琐琐，斯其所取灾。象曰：旅琐琐，志穷灾也。

六二，旅即次，怀其资，得童仆，贞。象曰：得童仆贞，终无尤也。

九三，旅焚其次，丧其童仆，贞厉。象曰：旅焚其次，亦以伤矣。以旅与下，其义丧也。

九四，旅于处，得其资斧，我心不快。象曰：旅于处，未得位也。得其资斧，心未快也。

六五，射雉，一矢亡，终以誉命。象曰：终以誉命，上逮也。

上九，鸟焚其巢，旅人先笑后号咷，丧牛于易，凶。象曰：以旅在上，其义焚也。丧牛于易，终莫之闻也。

巽 ☴

巽，小亨，利有攸往，利见大人。

彖曰：重巽，以申命，刚巽乎中正而志行，柔皆顺乎刚，是以小亨，利有攸往，利见大人。

象曰：随风，巽，君子以申命行事。

初六，进退，利武人之贞。象曰：进退，志疑也，利武人之贞，志治也。

九二，巽在床下，用史巫纷若，吉，无咎。象曰：纷若之吉，得中也。

九三，频巽，吝。象曰：频巽之吝，志穷也。

六四，悔亡，田获三品。象曰：田获三品，有功也。

九五，贞吉，悔亡，无不利，无初有终，先庚三日，后庚三日，吉。象曰：九五之吉，位正中也。

上九，巽在床下，丧其资斧，贞凶。象曰：巽在床下，上穷也。丧其资斧，正乎凶也。

兑

兑，亨，利贞。

彖曰：兑，说也。刚中而柔外，说以利贞。是以顺乎天而应乎人。说以先民，民忘其劳。说以犯难，民忘其死。说之大，民劝矣哉。

象曰：丽泽，兑。君子以朋友讲习。

初九，和兑，吉。象曰：和兑之吉，行未疑也。

九二，孚兑，吉，悔亡。象曰：孚兑之吉，信志也。

六三，来兑，凶。象曰：来兑之凶，位不当也。

九四，商兑未宁，介疾有喜。象曰：九四之喜，有庆也。

九五，孚于剥，有厉。象曰：孚于剥，位正当也。

上六，引兑。象曰：上六引兑，未光也。

涣 ䷺

涣，亨，王假有庙，利涉大川，利贞。

彖曰：涣，亨，刚来而不穷，柔得位乎外而上同。王假有庙，王乃在中也。利涉大川，乘木有功也。

象曰：风行水上，涣，先王以享于帝立庙。

初六，用拯马壮，吉。象曰：初六之吉，顺也。

九二，涣奔其机，悔亡。象曰：涣奔其机，得愿也。

六三，涣其躬，无悔。象曰：涣其躬，志在外也。

六四，涣其群，元吉，涣有丘，匪夷所思。象曰：涣其群元吉，光大也。

九五，涣汗其大号，涣王居，无咎。象曰：王居无咎，正位也。

上九，涣其血，去逖出，无咎。象曰：涣其血，远害也。

节 ䷻

节，亨，苦节，不可贞。

彖曰：节亨，刚柔分而刚得中，苦节不可贞，其道穷也。说以行险，当位以节，中正以通。天地节而四时成，节以制度，不伤财，不害民。

象曰：泽上有水，节，君子以制数度，议德行。

初九，不出户庭，无咎。象曰：不出户庭，知通塞也。

九二，不出门庭，凶。象曰：不出门庭凶，失时极也。

六三，不节若，则嗟若，无咎。象曰：不节之嗟，又谁咎也。

六四，安节，亨。象曰：安节之亨，承上道也。

九五，甘节，吉，往有尚。象曰：甘节之吉，居位中也。

上六，苦节，贞凶，悔亡。象曰：苦节贞凶，其道穷也。

中孚

中孚，豚鱼吉，利涉大川，利贞。

彖曰：中孚，柔在内而刚得中，说而巽，孚，乃化邦也。豚鱼吉，信及豚鱼也。利涉大川，乘木舟虚也。中孚以利贞，乃应乎天也。

象曰：泽上有风，中孚，君子以议狱缓死。

初九，虞吉，有它不燕。象曰：初九虞吉，志未变也。

九二，鸣鹤在阴，其子和之。我有好爵，吾与尔靡之。象曰：其子和之，中心愿也。

六三，得敌，或鼓或罢，或泣或歌。象曰：或鼓或罢，位不当也。

六四，月几望，马匹亡，无咎。象曰：马匹亡，绝类上也。

九五，有孚挛如，无咎。象曰：有孚挛如，位正当也。

上九，翰音登于天，贞凶。象曰：翰音登于天，何可长也？

小过

小过，亨，利贞，可小事，不可大事。飞鸟遗之音，不宜上，宜下，大吉。

彖曰：小过，小者过而亨也。过以利贞，与时行也。柔得中，是以小事吉也。刚失位而不中，是以不可大事也。有飞鸟之象焉，飞鸟遗之音，不宜上，宜下，大吉，上逆而下顺也。

象曰：山上有雷，小过，君子以行过乎恭，丧过乎哀，用过乎俭。

初六，飞鸟以凶。象曰：飞鸟以凶，不可如何也。

六二，过其祖，遇其妣；不及其君，遇其臣，无咎。象曰：不及其君，臣不可过也。

九三，弗过防之，从或戕之，凶。象曰：从或戕之，凶如何也？

九四，无咎，弗过遇之，往厉必戒，勿用，永贞。象曰：弗过遇之，位不当也。往厉必戒，终不可长也。

六五，密云不雨，自我西郊，公弋取彼在穴。象曰：密云不雨，已上也。

上六，弗遇过之，飞鸟离之，凶，是谓灾眚。象曰：弗遇过之，已亢也。

既济 ䷾

既济，亨小，利贞，初吉终乱。

彖曰：既济，亨。小者，亨也。利贞，刚柔正而位当也。初吉，柔得中也。终止则乱，其道穷也。

象曰：水在火上，既济，君子以思患而豫防之。

初九，曳其轮，濡其尾，无咎。象曰：曳其轮，义无咎也。

六二，妇丧其髢，勿逐，七日得。象曰：七日得，以中道也。

九三，高宗伐鬼方，三年克之，小人勿用。象曰：三年克之，惫也。

六四，繻有衣袽，终日戒。象曰：终日戒，有所疑也。

九五，东邻杀牛，不如西邻之禴祭，实受其福。象曰：东邻杀牛，不如西邻之时也。实受其福，吉大来也。

上六，濡其首，厉。象曰：濡其首厉，何可久也？

未济 ䷿

未济，亨，小狐汔济，濡其尾，无攸利。

彖曰：未济，亨，柔得中也。小狐汔济，未出中也。濡其尾，无攸利，不续终也。虽不当位，刚柔应也。

象曰：火在水上，未济，君子以慎辨物居方。

初六，濡其尾，吝。象曰：濡其尾，亦不知极也。

九二，曳其轮，贞吉。象曰：九二贞吉，中以行正也。

六三，未济，征凶，利涉大川。象曰：未济征凶，位不当也。

九四，贞吉，悔亡，震用伐鬼方，三年，有赏于大国。象曰：贞吉悔亡，志行也。

六五，贞吉，无悔，君子之光，有孚，吉。象曰：君子之光，其晖吉也。

上九，有孚于饮酒，无咎，濡其首，有孚失是。象曰：饮酒濡首，亦不知节也。

本书所选原文

乾 ䷀

元、亨、利、贞。

潜龙勿用。

见龙在田,利见大人。

君子终日乾乾,夕惕若,厉无咎。

或跃在渊,无咎。

亢龙有悔。

见群龙无首,吉。

大哉乾元!万物资始,乃统天。云行雨施,品物流形。大明终始,六位时成。时乘六龙以御天,乾道变化,各正性命,保合太和,乃利贞。首出庶物,万国咸宁。

天行健,君子以自强不息。

元者,善之长也;亨者,嘉之会也;利者,义之和也;贞者,事之干也。君子体仁,足以长人;嘉会,足以合礼;利物,足以和义;贞固,足以干事。君子行此四德者,故曰:乾,元、亨、利、贞。

潜龙勿用,何谓也?子曰:龙德而隐者也。不易乎世,不成乎名,遁世无闷,不见是而无闷。乐则行之,忧则违之,确乎其不可拔,潜龙也。

君子以成德为行,日可见之行也。潜之为言也,隐而未见,行而未成,是以君子弗用也。

夫大人者，与天地合其德，与日月合其明，与四时合其序，与鬼神合其吉凶。先天而天弗违，后天而奉天时。天且弗违，而况于人乎？况于鬼神乎？

亢之为言也，知进而不知退，知存而不知亡，知得而不知丧。其唯圣人乎！知进退存亡，而不失其正者，其唯圣人乎！

坤 ䷁

至哉坤元，万物资生，乃顺承天。坤厚载物，德合无疆。含弘光大，品物咸亨。牝马地类，行地无疆，柔顺利贞。君子攸行，先迷失道，后顺得常。西南得朋，乃与类行。东北丧朋，乃终有庆。安贞之吉，应地无疆。

坤至柔而动也刚，至静而德方。后得主而有常，含万物而化光。坤道其顺乎，承天而时行。

积善之家，必有余庆。积不善之家，必有余殃。

易曰："履霜，坚冰至。"盖言顺也。

直其正也，方其义也。君子敬以直内，义以方外。敬义立而德不孤。直、方、大，不习无不利，则不疑其所行也。

天地变化，草木蕃。天地闭，贤人隐。易曰："括囊，无咎无誉。"盖言谨也。

君子黄中通理，正位居体，美在其中。而畅于四支，发于事业，美之至也。

屯 ䷂

屯，刚柔始交而难生，动乎险中，大亨贞。雷雨之动满盈，天造草昧，宜建侯而不宁。

云雷，屯。君子以经纶。

虽盘桓，志行正也，以贵下贱，大得民也。

即鹿无虞，惟入于林中。君子几，不如舍，往吝。

蒙 ䷃

山下出泉，蒙。君子以果行育德。

利用刑人，以正法也。

需 ䷄

需，有孚，光亨，贞吉。利涉大川。

需，须也。险在前也，刚健而不陷，其义不困穷矣。需，有孚，光亨，贞吉，位乎天位，以正中也。利涉大川，往有功也。

需于沙，衍在中也。虽小有言，以终吉也。

需于血，出自穴。

需于血，顺以听也。

不速之客来，敬之终吉。

履 ䷉

履道坦坦，幽人贞吉。

履虎尾，愬愬，终吉。

元吉在上，大有庆也。

泰 ䷊

泰，小往大来，吉，亨。则是天地交而万物通也，上下交而其志同也。内阳而外阴，内健而外顺，内君子而外小人。君子道长，小人道消也。

包荒，用冯河，不遐遗，朋亡，得尚于中行。

无平不陂，无往不复。艰贞，无咎。勿恤其孚，于食有福。

同人 ䷌

同人，柔得位得中而应乎乾，曰：同人。同人曰：同人于野，亨，利涉大川，乾行也。文明以健，中正而应，君子正也。唯君子为能通天下之志。

大有 ䷍

大有，柔得尊位，大中，而上下应之，曰：大有。其德刚健而文明，应乎天而时行，是以元亨。

谦 ䷎

谦，亨。天道下济而光明，地道卑而上行。天道亏盈而益谦，地道变盈而流谦，鬼神害盈而福谦，人道恶盈而好谦。谦尊而光，卑而不可逾，君子之终也。

谦谦君子，用涉大川，吉。

谦谦君子，卑以自牧也。

随 ䷐

随，刚来而下柔，动而说。随，大亨，贞无咎，而天下随时。随时之义大矣哉。

泽中有雷，随；君子以向晦入宴息。

官有渝，贞吉。出门交有功。

系小子，失丈夫。

系小子，弗兼与也。

系丈夫，失小子，随有求得，利居贞。

系丈夫，志舍下也。

九四，随有获，贞凶。有孚在道，以明，何咎。

随有获，其义凶也。有孚在道，明功也。

蛊 ䷑

蛊，刚上而柔下，巽而止蛊。蛊，元亨而天下治也。利涉大川，往有事也。先甲三日，后甲三日，终则有始，天行也。

干父之蛊，有子考，无咎，厉终吉。

干父之蛊，意承考也。

干父之蛊，小有悔，无大咎。

干父之蛊，用誉。

不事王侯，高尚其事。

不事王侯，志可则也。

贲 ☲

贲，亨，柔来而文刚，故亨。分刚上而文柔，故小利有攸往。刚柔交错，天文也；文明以止，人文也。观乎天文，以察时变；观乎人文，以化成天下。

否 ☷

否之匪人。

天地不交，否。君子以俭德辟难，不可荣以禄。

临 ☱

泽上有地，临。君子以教思无穷，容保民无疆。

大畜 ☰

大畜，刚健笃实，辉光日新其德。刚上而尚贤，能止健，大正也。

天在山中，大畜。君子以多识前言往行，以畜其德。

大过 ☱

泽灭木，大过。君子以独立不惧，遯世无闷。

恒 ☳

恒，久也。刚上而柔下，雷风相与，巽而动，刚柔皆应，恒。恒，亨，无咎，利贞，久于其道也。天地之道，恒久而不已也。利有攸往，终则有始也。日月得天而能久照，四时变化而能久成，圣人久于其道而天下化成。观其所恒，而天地万物之情可见矣。

雷风，恒。君子以立不易方。

睽 ☲☱

睽，火动而上，泽动而下。二女同居，其志不同行。说而丽乎明，柔进而上行，得中而应乎刚，是以小事吉。天地睽而其事同也，男女睽而其志通也，万物睽而其事类也。睽之时用大矣哉。

上火下泽，睽。君子以同而异。

丧马，勿逐自复。见恶人，无咎。

睽孤，遇元夫，交孚，厉无咎。

睽孤，见豕负涂，载鬼一车，先张之弧，后说之弧。匪寇，婚媾，往遇雨则吉。

蹇 ☵☶

蹇，难也。险在前也，见险而能止，知矣哉。

利见大人，往有功也。当位贞吉，以正邦也。蹇之时用大矣哉。

解 ☳☵

解，险以动，动而免乎险，解。解，利西南，往得众也。其来复吉，乃得中也。有攸往，夙吉，往有功也。天地解而雷雨作，雷雨作而百果草木皆甲坼。解之时大矣哉。

雷雨作，解。君子以赦过宥罪。

负且乘，亦可丑也。自我致戎，又谁咎也？

解而拇，朋至斯孚。

有孚于小人。

君子有解，小人退也。

损 ䷨

损，损下益上，其道上行。损而有孚，元吉，无咎，可贞，利有攸往。曷之用？二簋可用享。二簋应有时，损刚益柔有时：损益盈虚，与时偕行。

山下有泽，损。君子以惩忿窒欲。

益 ䷩

益，损上益下，民说无疆。自上下下，其道大光。利有攸往，中正有庆。利涉大川，木道乃行。益动而巽，日进无疆。天施地生，其益无方。凡益之道，与时偕行。

风雷，益。君子以见善则迁，有过则改。

益之用凶事，无咎。有孚中行，告公用圭。

莫益之，或击之，立心勿恒，凶。

夬 ䷪

夬，决也，刚决柔也。健而说，决而和。扬于王庭，柔乘五刚也。孚号有厉，其危乃光也。告自邑，不利即戎，所尚乃穷也。利有攸往，刚长乃终也。

泽上于天，夬。君子以施禄及下，居德则忌。

君子夬夬独行，遇雨若濡，有愠，无咎。

兑 ☱

兑，说也。刚中而柔外，说以利贞。是以顺乎天而应乎人。说以先民，民忘其劳。说以犯难，民忘其死。说之大，民劝矣哉。

丽泽，兑。君子以朋友讲习。

来兑之凶，位不当也。

孚于剥，有厉。

系辞原文

本部分所收"原文",以王云五主编,南怀瑾、徐芹庭注译《周易今注今译》(贵州人民出版社,2020年版)"系辞上传"、"系辞下传"为底本,同时参考朱熹撰、苏勇校注《周易本义》(北京大学出版社,1992年版)。

系辞上传

第一章

天尊地卑，乾坤定矣。卑高以陈，贵贱位矣。动静有常，刚柔断矣。方以类聚，物以群分，吉凶生矣。在天成象，在地成形，变化见矣。

是故刚柔相摩，八卦相荡，鼓之以雷霆，润之以风雨，日月运行，一寒一暑。乾道成男，坤道成女。乾知大始，坤作成物。

乾以易知，坤以简能，易则易知，简则易从。易知则有亲，易从则有功。有亲则可久，有功则可大。可久则贤人之德，可大则贤人之业。易简而天下之理得矣，天下之理得，而成位乎其中矣。

第二章

圣人设卦观象，系辞焉而明吉凶，刚柔相推而生变化。是故吉凶者失得之象也，悔吝者忧虞之象也，变化者进退之象也，刚柔者昼夜之象也。六爻之动，三极之道也。

是故君子所居而安者，易之序也，所乐而玩者，爻之辞也。是故君子居则观其象而玩其辞，动则观其变而玩其占，是以自天佑之，吉无不利。

第三章

彖者言乎象者也，爻者言乎变者也，吉凶者言乎其失得也，悔吝者言乎其小疵也，无咎者善补过也。

是故列贵贱者存乎位，齐小大者存乎卦，辩吉凶者存乎辞，忧悔吝者存乎介，震无咎者存乎悔。是故卦有小大，辞有险易，辞也者各指其所之。

第四章

易与天地准，故能弥纶天地之道。仰以观于天文，俯以察于地理，是故知幽明之故。原始反终，故知死生之说。精气为物，游魂为变，是故知鬼神之情状。

与天地相似，故不违。知周乎万物，而道济天下，故不过。旁行而不流，乐天知命，故不忧。安土敦乎仁，故能爱。范围天地之化而不过，曲成万物而不遗，通乎昼夜之道而知，故神无方而易无体。

第五章

一阴一阳之谓道。继之者善也，成之者性也。仁者见之谓之仁，知者见之谓之知。百姓日用而不知，故君子之道鲜矣。

显诸仁，藏诸用，鼓万物而不与圣人同忧。盛德大业至矣哉！富有之谓大业，日新之谓盛德。生生之谓易，成象之谓乾，效法之谓坤，极数知来之谓占，通变之谓事，阴阳不测之谓神。

第六章

夫易广矣大矣，以言乎远则不御，以言乎迩则静而正，以言乎天地之间则备矣。

夫乾，其静也专，其动也直，是以大生焉。夫坤，其静也翕，其动也辟，是以广生焉。广大配天地，变通配四时，阴阳之义配日月，易简之善配至德。

第七章

子曰：易其至矣乎，夫易，圣人所以崇德而广业也。知崇礼卑，崇效天，卑法地，天地设位，而易行乎其中矣。成性存存，道义之门。

第八章

圣人有以见天下之赜，而拟诸其形容，象其物宜，是故谓之象。圣人有以见天下之动，而观其会通，以行其典礼，系辞焉以断其吉凶，是故谓之爻。言天下之至赜而不可恶也，言天下之至动而不可乱也。拟之而后言，议之而后动，拟议以成其变化。

"鸣鹤在阴，其子和之。我有好爵，吾与尔靡之。"子曰："君子居其室，出其言善，则千里之外应之。况其迩者乎？居其室，出其言不善，则千里之外违之。况其迩者乎？言出乎身，加乎民，行发乎迩，见乎远。言行，君子之枢机，枢机之发，荣辱之主也。言行，君子之所以动天地也，可不慎乎？"

"同人，先号咷而后笑。"子曰："君子之道，或出或处，或默或语，二人同心，其利断金，同心之言，其臭如兰。"

"初六，藉用白茅，无咎。"子曰："苟错诸地而可矣，藉之用茅，何咎之有？慎之至也。夫茅之为物薄，而用可重也。慎斯术也以往，其无所失矣。"

"劳谦，君子有终，吉。"子曰："劳而不伐，有功而不德，厚之至也。语以其功下人者也。德言盛，礼言恭，谦也者，致恭以存其位者也。"

"亢龙有悔。"子曰："贵而无位，高而无民，贤人在下位而无辅，是以动而有悔也。"

"不出户庭，无咎。"子曰："乱之所生也，则言语以为阶。君不密则失臣，臣不密则失身，几事不密则害成，是以君子慎密而不出也。"

子曰："作易者，其知盗乎。易曰：'负且乘，致寇至。'负也者，小人之事也。乘也者，君子之器也。小人而乘君子之器，盗思夺之矣；上慢下暴，盗思伐之矣。慢藏诲盗，冶容诲淫。易曰：'负且乘，致寇至。'盗之招也。"

第九章

天一地二，天三地四，天五地六，天七地八，天九地十。天数五，地数五，五位相得而各有合。天数二十有五，地数三十，凡天地之数五十有五。此所以成变化而行鬼神也。

大衍之数五十，其用四十有九。分而为二，以象两，挂一以象三，揲之以四，以象四时，归奇于扐，以象闰，五岁再闰，故再扐而后挂。

乾之策，二百一十有六，坤之策，百四十有四。凡三百有六十，当期之日。二篇之策，万有一千五百二十，当万物之数也。是故四营而成易，十有八变而成卦，八卦而小成。

引而伸之，触类而长之，天下之能事毕矣，显道神德行，是故可与酬酢，可与佑神矣。子曰：知变化之道者，其知神之所为乎。

第十章

易有圣人之道四焉：以言者尚其辞，以动者尚其变，以制器者尚其象，以卜筮者尚其占。

是以君子将有为也，将有行也，问焉而以言，其受命也如响，无有远近幽深，遂知来物，非天下之至精，其孰能与于此？

参伍以变，错综其数，通其变，遂成天地之文，极其数，遂定天下之象，非天下之至变，其孰能与于此？

易无思也，无为也，寂然不动，感而遂通天下之故，非天下之至神，其孰能与于此？

夫易，圣人之所以极深而研几也。唯深也，故能通天下之志。唯几也，故能成天下之务。唯神也，故不疾而速，不行而至。子曰："易有圣人之道四焉"者，此之谓也。

第十一章

子曰："夫易，何为也？夫易，开物成务。冒天下之道，如斯而已者也。"

是故圣人以通天下之志，以定天下之业，以断天下之疑。

是故蓍之德圆而神，卦之德方以知，六爻之义易以贡。圣人以此洗心，退藏于密，吉凶与民同患。神以知来，知以藏往，其孰能与于此哉？古之聪明睿知神武而不杀者夫。是以明于天之道，而察于民之故，是兴神物以前民用，圣人以此斋戒，以神明其德夫。

是故阖户谓之坤，辟户谓之乾，一阖一辟谓之变。往来不穷谓之通。见乃谓之象。形乃谓之器。制而用之，谓之法。利用出入，民咸用之，谓之神。

是故易有太极，是生两仪，两仪生四象，四象生八卦，八卦定吉凶，吉凶生大业。

是故法象莫大乎天地；变通莫大乎四时；悬象著明莫大乎日月；崇高莫大乎富贵；备物致用，立成器以为天下利，莫大乎圣人；探赜索隐，钩深致远，以定天下之吉凶，成天下之亹亹者，莫大乎蓍龟。

是故天生神物，圣人则之。天地变化，圣人效之。天垂象，见吉凶，圣人象之。河出图，洛出书，圣人则之。易有四象，所以示也。系辞焉，所以告也。定之以吉凶，所以断也。

第十二章

易曰："自天佑之，吉无不利。"子曰："佑者助也，天之所助者顺也。人之所助者信也。履信思乎顺，又以尚贤也。是以自天佑之，吉无不利也。"

子曰："书不尽言，言不尽意。"然则圣人之意，其不可见乎？子曰："圣人立象以尽意，设卦以尽情伪，系辞焉以尽其言，变而通之以尽利，鼓之舞之以尽神。"

乾坤其易之缊邪，乾坤成列，而易立乎其中矣。乾坤毁，则无以见易，易不可见，则乾坤或几乎息矣。

是故形而上者谓之道，形而下者谓之器，化而裁之谓之变，推而行之谓之通，举而措之天下之民，谓之事业。

是故夫象圣人有以见天下之赜，而拟诸其形容，象其物宜，是故谓之象。圣人有以见天下之动，而观其会通，以行其典礼，系辞焉以断其吉凶，是故谓之爻。极天下之赜者存乎卦，鼓天下之动者存乎辞，化而裁之存乎变，推而行之存乎通，神而明之，存乎其人，默而成之，不言而信，存乎德行。

系辞下传

第一章

八卦成列,象在其中矣。因而重之,爻在其中矣。刚柔相推,变在其中矣。系辞焉而命之,动在其中矣。吉凶悔吝者,生乎动者也。刚柔者,立本者也。变通者,趣时者也。

吉凶者,贞胜者也。天地之道,贞观者也。日月之道,贞明者也。天下之动,贞夫一者也。

夫乾,确然示人易矣。夫坤,隤然示人简矣。爻也者,效此者也。象也者,像此者也。爻象动乎内,吉凶见乎外,功业见乎变,圣人之情见乎辞。

天地之大德曰生,圣人之大宝曰位。何以守位曰人。何以聚人曰财。理财正辞,禁民为非曰义。

第二章

古者包牺氏之王天下也,仰则观象于天,俯则观法于地,观鸟兽之文,与地之宜,近取诸身,远取诸物,于是始作八卦,以通神明之德,以类万物之情。

作结绳而为网罟,以佃以渔,盖取诸离。

包牺氏没，神农氏作，斫木为耜，揉木为耒，耒耨之利，以教天下，盖取诸益。

日中为市，致天下之民，聚天下之货，交易而退，各得其所，盖取诸噬嗑。

神农氏没，黄帝尧舜氏作，通其变，使民不倦，神而化之，使民宜之。易穷则变，变则通，通则久，是以"自天佑之，吉无不利"。黄帝尧舜垂衣裳而天下治，盖取诸乾坤。

刳木为舟，剡木为楫，舟楫之利，以济不通，致远以利天下，盖取诸涣。

服牛乘马，引重致远，以利天下，盖取诸随。

重门击柝，以待暴客，盖取诸豫。

断木为杵，掘地为臼，臼杵之利，万民以济，盖取诸小过。

弦木为弧，剡木为矢，弧矢之利，以威天下，盖取诸睽。

上古穴居而野处，后世圣人易之以宫室，上栋下宇，以待风雨，盖取诸大壮。

古之葬者，厚衣之以薪，葬之中野，不封不树，丧期无数，后世圣人，易之以棺椁，盖取诸大过。

上古结绳而治，后世圣人易之以书契，百官以治，万民以察，盖取诸夬。

第三章

是故，易者，象也。象也者，像也。彖者，材也。爻也者，效天下之动者也。是故，吉凶生而悔吝著也。

第四章

阳卦多阴，阴卦多阳。其故何也？阳卦奇，阴卦偶。其德行何也？阳一君而二民，君子之道也。阴二君而一民，小人之道也。

第五章

易曰："憧憧往来，朋从尔思。"子曰："天下何思何虑？天下同归而殊涂，一致而百虑，天下何思何虑？日往则月来，月往则日来，日月相推，而明生焉。寒往则暑来，暑往则寒来，寒暑相推，而岁成焉。往者，屈也。来者，信也。屈信相感，而利生焉。尺蠖之屈，以求信也。龙蛇之蛰，以存身也。精义入神，以致用也。利用安身，以崇德也。过此以往，未之或知也。穷神知化，德之盛也。"

易曰："困于石，据于蒺藜，入于其宫，不见其妻，凶。"子曰："非所困而困焉，名必辱。非所据而据焉，身必危。既辱且危，死期将至，妻其可得见邪？"

易曰："公用射隼于高墉之上，获之，无不利。"子曰："隼者，禽也；弓矢者，器也；射之者，人也。君子藏器于身，待时而动，何不利之有？动而不括，是以出而有获，语成器而动者也。"

子曰："小人不耻不仁，不畏不义，不见利不劝，不威不惩，小惩而大诫，此小人之福也。易曰：'屦校灭趾，无咎。'此之谓也。"

"善不积不足以成名，恶不积不足以灭身。小人以小善为无益，而弗为也，以小恶为无伤，而弗去也。故恶积而不可掩，罪大而不可解。易曰：'何校灭耳，凶。'"

子曰："危者，安其位者也；亡者，保其存者也；乱者，有其治者也。是故，君子安而不忘危，存而不忘亡，治而不忘乱，是以身安而国家可保也。易曰：'其亡其亡，系于苞桑。'"

子曰："德薄而位尊，知小而谋大，力小而任重，鲜不及矣。易曰：'鼎折足，覆公𫗧，其形渥，凶。'言不胜其任也。"

子曰："知几其神乎？君子上交不谄，下交不渎，其知几乎？几者动之微，吉之先见者也。君子见几而作，不俟终日。易曰：'介于石，不终日，贞吉。'介如石焉，宁用终日，断可识矣。君子知微知彰，知柔知刚，万夫之望。"

子曰："颜氏之子，其殆庶几乎？有不善未尝不知，知之未尝复行也。"

易曰："不远复，无祗悔，元吉。"子曰："天地絪缊，万物化醇。男女构精，万物化生。易曰：'三人行，则损一人；一人行，则得其友。'言致一也。君子安其身而后动，易其心而后语，定其交而后求，君子修此三者，故全也。危以动，则民不与也。惧以语，则民不应也。无交而求，则民不与也。莫之与，则伤之者至矣。易曰：'莫益之，或击之，立心勿恒，凶。'"

第六章

子曰："乾坤其易之门邪。乾，阳物也。坤，阴物也。阴阳合德，而刚柔有体，以体天地之撰，以通神明之德。

"其称名也，杂而不越。于稽其类，其衰世之意邪。

"夫易，彰往而察来，而微显阐幽。开而当名，辨物正言，断辞则备矣。

"其称名也小，其取类也大。其旨远，其辞文。其言曲而中，其事肆而隐。因贰以济民行，以明失得之报。"

第七章

易之兴也，其于中古乎。作易者，其有忧患乎。

是故，《履》，德之基也；《谦》，德之柄也；《复》，德之本也；《恒》，德之固也；《损》，德之修也；《益》，德之裕也；《困》，德之辨也；《井》，德之地也；《巽》，德之制也。

履和而至，谦尊而光，复小而辨于物，恒杂而不厌，损先难而后易，益长裕而不设，困穷而通，井居其所而迁，巽称而隐。

履以和行，谦以制礼，复以自知，恒以一德，损以远害，益以兴利，困以寡怨，井以辨义，巽以行权。

第八章

易之为书也不可远，为道也屡迁。变动不居，周流六虚，上下无常，刚柔相易，不可为典要，唯变所适。

其出入以度，外内使知惧。又明于忧患与故，无有师保，如临父母。初率其辞，而揆其方，既有典常，苟非其人，道不虚行。

第九章

易之为书也，原始要终，以为质也。六爻相杂，唯其时物也。

其初难知，其上易知，本末也。初辞拟之，卒成之终。

若夫杂物撰德，辨是与非，则非其中爻不备。

噫！亦要存亡吉凶，则居可知矣。知者观其彖辞，则思过半矣。

二与四同功而异位，其善不同。二多誉，四多惧，近也。柔之为道，不利远者，其要无咎，其用柔中也。

三与五同功而异位，三多凶，五多功，贵贱之等也。其柔危，其刚胜邪。

第十章

易之为书也，广大悉备。有天道焉，有人道焉，有地道焉，兼三才而两之，故六。六者非它也，三才之道也。

道有变动，故曰爻。爻有等，故曰物。物相杂，故曰文。文不当，故吉凶生焉。

第十一章

易之兴也，其当殷之末世，周之盛德邪？当文王与纣之事邪？是故其辞危，危者使平，易者使倾，其道甚大，百物不废，惧以终始，其要无咎，此之谓易之道也。

第十二章

夫乾，天下之至健也，德行恒易以知险。夫坤，天下之至顺也，德行恒简以知阻。

能说诸心，能研诸侯之虑，定天下之吉凶，成天下之亹亹者。是故变化云为，吉事有祥，象事知器，占事知来。

天地设位，圣人成能，人谋鬼谋，百姓与能。八卦以象告，爻彖以情言。刚柔杂居，而吉凶可见矣。

变动以利言，吉凶以情迁。是故，爱恶相攻，而吉凶生。远近相取，而悔吝生。情伪相感，而利害生。凡易之情，近而不相得则凶。或害之，悔且吝。

将叛者，其辞惭。中心疑者，其辞枝。吉人之辞寡，躁人之辞多。诬善之人，其辞游。失其守者，其辞屈。

名家论余秋雨

余秋雨先生把唐宋八大家所建立的散文尊严又一次唤醒了。或者说，他重铸了唐宋八大家诗化地思索天下的灵魂。

——白先勇

余秋雨的有关文化研究蹈大方，出新裁。他无疑拓展了当今文学的天空，贡献巨大。这样的人才百年难得，历史将会敬重。

——贾平凹

北京有年轻人为了调侃我，说浙江人不会写文章。就算我不会，但浙江人里还有鲁迅和余秋雨。

——金庸

中国散文，在朱自清和钱锺书之后，出了余秋雨。

——余光中

余秋雨先生每次到台湾演讲，都在社会上激发起新一波的人文省思。海内外的中国人，都变成了余先生诠释中华文化的读者与听众。

——美国威斯康星大学荣誉教授　高希均

余秋雨先生对中国文化的贡献功不可没。他三次来美国演讲，无论是在联合国的国际舞台，还是在华美人文学会、哥伦比亚大学、哈佛大学、纽约大学或国会图书馆的学术舞台，都为中国了解世界，世界了解中国搭建了新的桥梁。他当之无愧是引领读者泛舟世界文明长河的引路人。

——联合国中文教学组前组长　何勇

余秋雨文化大事记

· 1946 年 8 月 23 日出生于浙江省余姚县桥头镇（今属慈溪），在家乡读完小学。

· 1957 年至 1963 年，先后就读于上海新会中学、晋元中学、培进中学至高中毕业。其间，曾获上海市作文比赛首奖、上海市数学竞赛大奖。

· 1963 年考入上海戏剧学院戏剧文学系，但入学后以下乡参加农业劳动为主。

· 1966 年夏天遇到了一场极端主义的政治运动，家破人亡。父亲余学文先生因被检举有"错误言论"而被关押十年，全家八口人经济来源断绝；唯一能接济的叔叔余志士先生又被造反派迫害致死。1968 年被发配到军垦农场服劳役，每天从天不亮劳动到天全黑，极端艰苦。

· 1971 年"九一三事件"后，周恩来总理为抢救教育而布置复课、编教材。从农场回上海后被分配到"各校联合教材编写组"，但自己择定的主要任务是冒险潜入外文书库独自编写《世界戏剧学》，对抗当时以"八个革命样板戏"为代表的文化极端主义。

· 1976 年 1 月，编写教材被批判为"右倾翻案"，又因违反禁令主持周恩来的追悼会而被查缉，便逃到浙江省奉化县大桥镇半山一座封闭的老藏书楼研读中国古代文献，直至此年 10 月那场政治运动结束，下山返回上海。

· 1977 年至 1985 年，投入重建当代文化的学术大潮，陆续出版了《世界戏剧学》、《中国戏剧史》、《观众心理学》、《艺术创造学》、Some Observations on the Aesthetics of Primitive Chinese Theatre 等一系列学术著作,先后获全国优秀教材一等奖、上海哲学社会科学著作奖、全国戏剧理论著作奖。

· 1985 年 2 月,由上海各大学的学术前辈联名推荐,在没有担任过副教授的情况下直接晋升为正教授。

· 1986 年 3 月,因国家文化部在上海戏剧学院举行的三次民意测验中均名列第一,被任命为上海戏剧学院副院长、院长。主持工作一年后,即被文化部教育司表彰为"全国最有现代管理能力的院长"之一。与此同时,又出任上海市咨询策划顾问、上海市写作学会会长、上海市中文专业教授评审组组长兼艺术专业教授评审组组长。被授予"国家级突出贡献专家"、"上海十大高教精英"等荣誉称号。

· 1989 年至 1991 年,几度婉拒了升任更高职位的征询,并开始向国家文化部递交辞去院长职务的报告。辞职报告先后共递交了 23 次,终于在 1991 年 7 月获准辞去一切行政职务,包括多种荣誉职务和挂名职务。辞职后,孤身一人从西北高原开始,系统考察中国文化的重要遗址。当时确定的考察主题是"穿越百年血泪,寻找千年辉煌"。在考察沿途所写的"文化大散文"《文化苦旅》、《山居笔记》等,快速风靡全球华文读书界,由此成为最具影响力的华文作家之一。

· 1991 年 5 月,发表《风雨天一阁》,在全国开启对历代图书收藏壮举的广泛关注。

・1992年2月开始,先后被多所著名大学聘为荣誉教授或兼职教授,例如复旦大学、上海交通大学、同济大学、上海大学、中国科技大学、西安交通大学等。

・1993年1月,发表《一个王朝的背影》,首次充分肯定少数民族王朝入主中原的特殊生命力,重新评价康熙皇帝,开启此后多年"清宫戏"的拍摄热潮。

・1993年3月,发表《流放者的土地》,首次系统揭示清朝统治集团迫害和流放知识分子的凶残面目,并展现筚路蓝缕的"流放文化"。

・1993年7月,发表《苏东坡突围》,刻画了中国文化史上最有吸引力的人格典范,借以表现优秀知识分子所必然面临的一层层来自朝廷和同行的酷烈包围圈,以及"突围"的艰难。此文被海峡两岸暨香港、澳门的报刊广为转载。

・1993年9月,发表《千年庭院》,颂扬了中国古代最优秀的教学方式——书院文化,发表后在全国教育界产生不小影响。

・1993年11月,发表《抱愧山西》,首次系统描述并论证了中国古代最成功的商业奇迹——晋商文化,为当时正在崛起的经济热潮寻得了一个古代范本。此文发表后读者无数,传播广远。

・1994年3月,发表《天涯故事》,首次梳理了沉埋已久的海南岛文化简史,并把海南岛文化归纳为"生态文明"和"家园文明",主张以吸引旅游为其发展前景。

・1994年5月至7月,发表长篇作品《十万进士》(上、下),首次完整地清理了千年科举制度对中国文化的正面意义和负面意义。

・1994年9月,发表《遥远的绝响》,描述魏晋名士对中国文化的震撼性记忆。由于文章格调高尚凄美，一时轰动文坛。

· 1994 年 11 月，发表《历史的暗角》，首次系统列述了"小人"在中国文化中的隐形破坏作用，以及古今君子对这个庞大群体的无奈。发表后在海峡两岸暨香港、澳门引起巨大反响，被公认为"研究中国负面人格的开山之作"。

· 1995 年 4 月，应邀为四川都江堰题写自拟的对联"拜水都江堰，问道青城山"，镌刻于该地两处。

· 1996 年 7 月，多家媒体经调查共同确认余秋雨为"全国被盗版最严重的写作人"，由此被邀请成为"北京反盗版联盟"的唯一个人会员，并被聘为"全国扫黄打非督导员（督察证为 B027 号）"。

· 1998 年 6 月，新加坡召集规模盛大的"跨世纪文化对话"而震动全球华文世界。对话主角是四个华人学者，除首席余秋雨教授外，还有哈佛大学的杜维明教授、威斯康星大学的高希均教授和新加坡艺术家陈瑞献先生。余秋雨的演讲题目是《第四座桥》。

· 1999 年 2 月，为妻子马兰创作的剧本《秋千架》隆重上演，极为轰动，打破了北京长安大戏院的票房纪录。在台湾地区演出更是风靡一时，场场爆满。

· 1999 年开始，引领和主持香港凤凰卫视对人类各大文明遗址的历史性考察，成为目前世界上唯一贴地穿越数万公里危险地区的人文教授，也是"9·11"事件之前最早向文明世界报告恐怖主义控制地区实际状况的学者。由此被日本《朝日新闻》选为"跨世纪十大国际人物"。

· 2002 年 4 月，应邀为李白逝世地撰写《采石矶碑》（含书法），镌刻于安徽马鞍山三台阁。

· 从 2000 年开始，由于环球考察在海内外所造成的巨大影响，国内一些媒体为了追求"逆反刺激"的市场效应而发起诽谤。先由北京大学一个学生误信了一个上海极左派文人的传言进行颠倒批判,即把当年冒险潜入外文书库独自编写《世界戏剧学》的勇敢行动诬陷为"文革写作",并误植了笔名"石一歌"。由此,形成十余年的诽谤大潮,并随之出现了一批"啃余族"。余秋雨先生对所有的诽谤没有做任何反驳和回击,他说:"马行千里,不洗尘沙。"

・2003年7月,由于多年来在中央电视台的文化栏目中主持"综合文史素质测试"而成为全国观众的关注热点,上海一个当年的造反派代表人物就趁势做逆反文章,声称《文化苦旅》中有很多"文史差错",全国上百家报刊转载。10月19日,我国当代著名文史权威章培恒教授发文指出,经他审读,那个人的文章完全是"攻击"和"诬陷",而那个人自己的"文史知识"连一个高中生也不如。

・2004年2月,由于有关"石一歌"的诽谤浪潮已经延续四年仍未有消停迹象,余秋雨就采取了"悬赏"的办法。宣布"只要证明本人曾用这个笔名写过一篇、一段、一节、一行、一句这种文章,立即支付自己的全年薪金",还公布了执行律师的姓名。十二年后,余秋雨宣布悬赏期结束,以一篇《"石一歌"事件》做出总结。

・2004年3月,参加联合国开发计划署《人类发展报告》的设计、研讨和审核。

・2004年年底,被联合国教科文组织、北京大学、《中华英才》杂志社等单位选为"中国十大文化精英"、"中国文化传播坐标人物"。

・2005年4月,应邀赴美国巡回演讲:

1)4月9日讲《中国文化的困境和出路》(在纽约市立大学亨特学院);

2)4月10日讲《中国知识分子的问题所在》(在北美华文作家

协会）；

3）4月12日上午讲《空间意义上的中华文化》（在马里兰大学）；

4）4月12日下午讲《君子的脚步》（在华盛顿国会图书馆）；

5）4月13日讲《时间意义上的中华文化》（在耶鲁大学）；

6）4月15日讲《中国文化所追求的集体人格》（在哈佛大学）；

7）4月17日讲《中华文化的三大优势和四大泥潭》（在休斯敦美南华文写作协会）。

·2005年7月20日，在联合国"世界文化大会"上发表主旨演讲《利玛窦的结论》，论述中国文明自古以来的非侵略本性，引起极大轰动。演说的论据，后来一再被各国政界、学界引用。收入书籍时，标题改为《中华文化的非侵略本性》。

·2005年11月，应邀撰写《法门寺碑》（含书法），镌刻于陕西法门寺大雄宝殿前的影壁。

·2006年4月，应邀撰写《炎帝之碑》（含书法），镌刻于湖南株洲炎帝陵纪念塔。

·2005年至2008年，被香港浸会大学聘请为"健全人格教育奠基教授"，每年在香港工作时间不少于半年。

·2006年，在香港凤凰卫视开办日播栏目《秋雨时分》，以一整年时间畅谈中华文化的优势和弱势，播出后在海内外产生广泛影响。

·2007年1月，发表《问卜中华》，详尽叙述了甲骨文的出土在中国文明濒临湮灭的二十世纪初年所带来的神奇力量，同时论述了商代的历史面貌。

·2007年3月，发表《古道西风》，系统叙述了中华文化的两大始祖老子和孔子的精神风采。

·2007年5月，发表《稷下学宫》，对比古希腊的雅典学院，将两千年前东西方两大学术中心进行平行比照。

·2007年7月，发表《黑色的光亮》，以充满感情的笔触表现了平民思想家墨子的人格光辉。

·2007年8月，应邀为七十年前解救大批犹太难民的中国外交官何凤山博士撰写碑文（含书法），镌刻于湖南益阳何凤山纪念墓地。

·2007年9月，发表《诗人是什么》，论述"中国第一诗人"屈原为华夏文明注入的诗化魂魄，分析了他获得全民每年纪念的原因，并解释了一些历史误会。

·2007年11月，发表《历史的母本》，以最高坐标评价了司马迁为整个中华民族带来的历史理性和历史品格。

·2008年5月12日，中国发生"汶川大地震"，第一时间赶到灾区参加救援。见到遇难学生留在废墟间的破残课本，决定以夫妻两人三年薪水的总和默默捐建三个学生图书馆，却被人在网络上炒作成"诈捐"，在全国范围喧闹了两个月之久。后由灾区教育局一再说明捐建实情，又由王蒙、冯骥才、张贤亮、贾平凹、刘诗昆、白先勇、余光中等名家纷纷为三个学生图书馆题词，风波才得以平息。

·2008年9月，上海市教育委员会颁授成立"余秋雨大师工作室"。上海市静安区政府决定为"余秋雨大师工作室"赠建办公小楼。

·2008年12月，为妻子马兰创作的中国音乐剧《长河》在上海大剧院隆重上演，受到海内外艺术精英的极高评价。

·2009年5月，应邀为山西大同云冈石窟题词"中国由此迈向大唐"，镌刻于石窟西端。

·2010年1月，《扬子晚报》在全国青少年读者中做问卷调查"你最喜爱的中国当代作家"，余秋雨名列第一。"冠军奖座"是钱为教授雕塑的余秋雨铜像。

·2010年3月27日,获澳门科技大学所颁"荣誉文学博士"称号。同时获颁荣誉博士称号的有袁隆平、钟南山、欧阳自远、孙家栋等著名专家。

·2010年4月30日,接受澳门科技大学任命,出任该校人文艺术学院院长。宣布在任期间每年年薪五十万港元全数捐献,作为设计专业和传播专业研究生的奖学金。

·2010年5月21日,联合国发布自成立以来第一份以文化为主题的"世界报告",发布仪式的主要环节,是联合国教科文组织总干事博科娃女士与余秋雨先生进行一场对话。余秋雨发言的标题为《驳"文明冲突论"》。

·2012年1月至9月,最终完成以莱辛式的"极品解析"方法来论述中国美学的著作《极品美学》。

·2012年10月12日,中国艺术研究院成立"秋雨书院"。北京众多著名学者、企业家出席成立大会,并热情致辞。该书院是一个培养博士生的高层教学机构,现培养两个专业的博士研究生:一、中国文化史专业;二、中国艺术史专业。

·2013年10月18日下午,再度应邀赴美国纽约联合国总部大厦演讲《中华文化为何长寿》。当天联合国网站将此演讲列为国际第一要闻。

·2013年10月20日,在纽约大学演讲《中国文脉简述》。

·2013年12月,完成庄子《逍遥游》的巨幅行草书写,并将《逍遥游》译成可诵可吟的现代散文。

·2014年1月,完成屈原《离骚》的巨幅行书书写,并将《离骚》译成可诵可吟的现代散文。

·2014年1月31日，完成《祭笔》。此文概括了作者自己握笔写作的艰辛历程。

·2014年3月，发表以现代思维解析《般若波罗蜜多心经》的文章《解经修行》，并由此开始写作《修行三阶》、《〈金刚经〉简释》、《〈坛经〉简释》。

·2014年4月，《余秋雨学术六卷》出版发行。

·2014年5月，古典象征主义小说《冰河》（含剧本）出版发行。

·2014年8月，系统论述中华文化人格范型的《君子之道》出版发行，立即受到海峡两岸读书界的热烈欢迎。

·2014年10月，《秋雨合集》二十二卷出版发行。

·2014年10月28日，出任上海图书馆理事长。

·2015年3月，再度应邀在海峡对岸各大城市进行"环岛巡回演讲"，自台北市、新北市、台中市到高雄市。双目失明的星云大师闻讯后从澳大利亚赶回，亲率僧侣团队到高雄车站长时间等待和迎接。这是余秋雨自1991年后第四次大规模的环岛演讲。本次演讲的主题是"中华文化和君子之道"。

·2015年4月，悬疑推理小说《空岛》和人生哲理小说《信客》出版。

·2015年9月，应邀为佛教胜地普陀山书写《心经》，镌刻于该岛回澜亭。

·2016年3月，应邀为佛教胜地宝华山书写《心经》，镌刻于该山平台。

·2016年7月，中华书局出版《中华文化读本》七卷，均选自余秋雨著作。

· 2016年11月，被选为世界余氏宗亲会名誉会长。

· 2017年5月25日至6月5日，中国美术馆举办"余秋雨翰墨展"（中国艺术研究院主办），参观者人山人海，成为中国美术馆建馆半个多世纪以来最为轰动的展出之一。中国文联主席兼中国作协主席铁凝说："这个展览气势恢宏，彰显了秋雨先生令人慨叹的文化成就，使我对先生的为人和为文有了新的感受。"中国书法家协会原主席张海说："即使秋雨先生没有写过那么多著作，光看书法，也是真正专业的大书法家。"国务院参事室主任王仲伟说："余先生的书法作品，应该纳入国家收藏。"据统计，世界各地通过网络共享这次翰墨展的华侨人数，超过千万。

· 2017年9月，记忆文学集《门孔》出版发行。此书被评为《中国文脉》的当代续篇，其中有的文章已成为近年来网上最轰动的篇目。作者以自己的亲身交往描写了巴金、黄佐临、谢晋、章培恒、陆谷孙、星云大师、饶宗颐、金庸、林怀民、白先勇、余光中等一代文化巨匠，同时也写了自己与妻子马兰的情感历程。作者对《门孔》这一书名的阐释是："守护门庭，窥探神圣。"

· 2017年12月，《境外演讲》出版发行。此书收集了作者在联合国的三次演讲，又汇集了在美国各地和我国港澳地区巡回演讲和电视讲座的部分记录，被专家学者评为"打开中华文化之门的钥匙"。

· 2018年全年，应喜马拉雅网上授课平台之邀，把中国艺术研究院"秋雨书院"的博士课程向全社会开放，播出《中国文化必修课》。截至2019年10月，收听人次已经超过六千万。

· 2019年至2020年，在全民防疫期间，闭户静心，总结以往研究成果，完成了《老子通释》、《周易简释》、《佛典译释》、《文典译写》、《山川翰墨》这五大古典工程的全部文本及书法。

（周行、刘超英整理，经余秋雨大师工作室校核）

图书在版编目（CIP）数据

周易简释 / 余秋雨著 . —— 北京：北京联合出版公司，2021.7（2023.3 重印）
ISBN 978-7-5596-5266-9

Ⅰ.①周… Ⅱ.①余… Ⅲ.①《周易》—研究 Ⅳ.
① B221.5

中国版本图书馆 CIP 数据核字（2021）第 084212 号

周易简释

作　　者：余秋雨
出　品　人：赵红仕
责任编辑：李　伟

北京联合出版公司出版
（北京市西城区德外大街 83 号楼 9 层　100088）
北京盛通印刷股份有限公司印刷　新华书店经销
字数 156 千字　700 毫米 ×980 毫米　1/16　18.75 印张
2021 年 7 月第 1 版　2023 年 3 月第 5 次印刷
ISBN 978-7-5596-5266-9
定价：98.00 元

版权所有，侵权必究
未经许可，不得以任何方式复制或抄袭本书部分或全部内容
如发现图书质量问题，可联系调换。质量投诉电话：（010）82069336

X 磨铁

总策划：金克林
封面设计：石 磊

责任编辑：李 伟
监　　制：魏 玲
特约策划：何 寅
产品经理：杨海泉
特约编辑：李芳芳
营销统筹：金 颖

排版制作：壹原视觉
　　　　　今亮后声

年夏西雁至人谁以先民民忘贝莠注以犯维民总其死说之太民动矣我恶深足民子以朋友谁君引光

庚子春日
余新之曲书

也知不险迫则长乃姑
也源上极至只是子小椎
禄及民居法则思君子
夫之福刊过而善济
不惧世答讼也则中
而不知讼以知是以顺

用此乃世俗之字中也芳公用書皆失決也則決矣也健而說決而和揚說王庭柔栗五刖也學辭為廣貞危乃發也告自是不和西成所尚乃家

中正有慶利涉大川
木道乃行行善勸而謗
曰道其運下蹐地生其善
甚言乱善之道與時偕
川乱當善尼子見善
世運乎遁則改善之

可用兵二篇應之時損
則益柔為時損益盈
虛與時偕行以六為澤
損君子以懲忿窒
損民子以逆忿窒與益
損上益下民說其疆自上
下之其道大光知九陵佳

自家發露五種答也良
子云辯小人過也當自
作餘人以非小人過也當自
死擔之當上貝過也以
摚示掌之言答一西
長和於陸昌易之用一盞

和雨雷佳辟中也夾束浚吉乃澤中也雨作佳風者佳者功也天地解雷雨作雷雨作而百果艸木乇甲坼𨔵之時大矣𢦏𨔵旦柰㤑而硯也

亚寇婚媾往迍邅则吉
寒雖也险在前也见险
而能止出矣知见大人
往有功也當位貞吉以正
邦也寒之时用大矣哉
解险以勤之而免于险難

大气盖上必下浮瞎贝子以同西异衷与逐自复见恶人些荅瞎孤逐之夫文字余屡兰暌孤见乐负准或是一車生残孤之波注之孤

其志不同说而不器不明不而進而上行得中而應乎刚是以小事吉天地暌而其事同也男女暌而其志通也萬物暌而其事類也暌之時用

四時氣化而解乆成望人久扵其道而天下化成觀其所恆而天宙万之情可見矣雷風恆君子以立不易方暞火動而上澤勤而下二女同居

上而柔下雷风相与乐
而动刚柔皆应恒之意
生焉不恒其德贞之道
之也久于其而不已也
利有攸往终则有始
七日得之而能久照

世寧乎保民也無疆
言在山中大畜君子以
多識前言往行
以畜其德澤滅木
大過君子以獨立不懼
遯世無悶恆久也剛

周易續錄

獨承乾坤路大言大運於

瞌睡辨損益貞誨卦

之地不文知君子以儉德

解難不了草以謀得

上君地隨見子以納思

乃悟得天文也
以止人文也觀乎天文
以察时变觀乎人文
以化成天下

甲子日疑此為始亡川
也非父之喪為子者
苦答屬疑者不事王
侯之為王事黄箕
季斗而文劉故葛公
劉上而又柔枝小和

其小子随而呼汹而尼
点随而復点出不学
生追以助可各奉刘上
雨采六罢雨此奉之无
奉雨至以治也和洪大
川注而子也先甲三日後

隐则东西不采动而谁
隐大算占势答而不
隐时隐时之象大贵哉
泽中为雷隐见无子以晦
晦之宜息宦者游兵
吉出门立不功亦丈夫

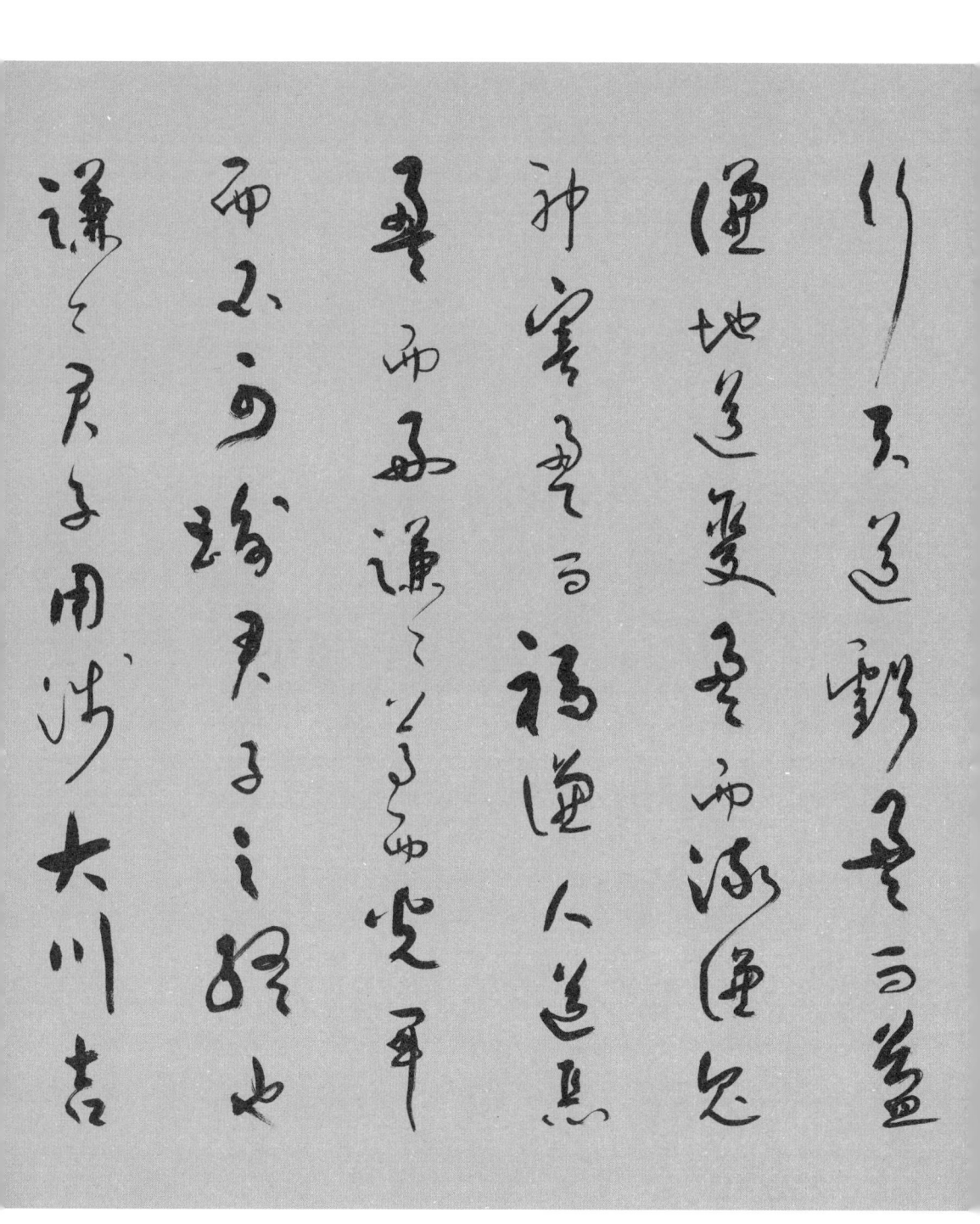

川。天道亏盈而益谦，地道变盈而流谦，鬼神害盈而福谦，人道恶盈而好谦。谦尊而光，卑而不可踰，君子之终也。谦，君子用涉大川吉。

天子为驰道于六十志大为羣沼等倍大中国上六雁之曰大为垂泥刻建而文郎雁平下而时行長以元字通寻下逢济西定郎地道平而上

用渴河不足遣朋之沙
当於中行同人乘沙俗
沙中而歷乎乳四同人同
人曰同人於郊亨利涉
大川乾行也文明以
建中正乃應尹正也噬

丘之大为庆也泰小往大
来吉亨则是天地交而
万物通也上下交而其志
同也内阳而外阴内
健而外顺内君子而外小人
君子道长小人道消也

夸者往於无往以心
中也知涉大川進於
功也雲於沙卻在中
也雖為小元以涉者也
後道坦乙西人兵者殷
而尾粲之豚者元吉

戊子笔不如金住终此
出象蒙戊子以果
小音逸以用矣人以心
法也云活也隐至等也
刚建而不隔至矣不
困穷矣雲方雪光

之勤消㐫亢造弗昧宜建侯而不宁雷屯君子以經絡發揚於志以正也以蒙山下出大泉民也卯蒙以雲雖一栫無命

周易三录

屯蒙需讼泰同人大有
谦随蛊贲进卦遯屯
刚柔始交而难生动
柔隐中大亨贞富马

通經正信在
中而暢於四支發於
子葉美之至也

勿敢不逮不敢在方大公召芒公私谷公挹百征邦也天地变化草木蕃天地闭贤人隐易曰括囊无咎无誉蓋言谨也君子美在中

子至司时以積善
之家必有餘慶積不
善之家必有餘殃臣
弒其君子弒其父
非一旦一夕之故其
所由来者漸矣由辯
之不早辯也

天地發乎地名隨系
順利貞貞子條乎生遂
生遂發順陽當中玉
乎乎動也當玉桁乎係
方波潤之乎當全
萬物化炭中道在明乎

周易二系

坤卦遂至载坤之万

物资生乃顺承天坤

厚载物德合无疆

含弘光大品物咸亨

平生逝足若之不
生至正末惟玺人平

无佛道设无身无时无且无道无况於人不況於鬼神无为之为无道无生道无著无无生无长无性无人

也隨而考亂而未成是以君子弗用也
夫大人者與天地合
其德與日月合其明
與四時合其序與鬼
神合其吉凶先天而

年を不成不名愈老兮
問不足生乎世間榮辱
利之是非以速之禍
患至不可救悼洁龍於
泉子以成流為利日不可
久居而潜々為之

此人者巨以至诚和物岂以私爱之乎群子及之则大道流行及之曰然文章物点游龙夕闻河话夕子曰龙流乎隐去亡不名

兵者出庫物著國咸
寧天下以建見子以日短
至日子冬日元者為之
長也亨者嘉之會也利
者義之和也貞者事
之幹也君子游化足

不愧屋漏无咎
吉大哉乾元万物资
始乃统天云行雨
施品物流形大明终
始六位时成时乘
六龙以御天乾道变化各正
性命保合太和乃利

周易初示
乾卦遶元亨利貞
潛龍勿用見龍在田
龍乙惕若厲无咎
或躍在渊无咎飛龍

周易录行书

余新丽书写

上架建议：文化 哲学

ISBN 978-7-5596-5266-9

定价：98.00元